不確実性下における金融政策の分析

大滝 英生

三菱経済研究所

はしがき

　もしも世の中から貨幣（お金）が消えてしまったら，私たちの生活はどのように変化するだろうか．私たちは普段，コンビニやスーパー，ホームセンターなどでお金を出して商品を購入している．しかし，お金が消えてしまったら，そのような生活はもはや不可能になる．その代わり，私たちは必要なものを自分で賄う自給自足の生活か，自分のものを他の人のものと物々交換する生活を送ることになるだろう．自給自足の場合，生活に必要なものをすべて自分で賄うのはとても困難なことである．また物々交換の場合，自分が必要とするものを持っていて，なおかつ自分が持っているものを受け取ってくれるような，物々交換に応じてくれる人を探す必要が生じる．いずれの場合にせよ，貨幣が消えてしまうと私たちの生活がかなり不便なものになることは想像に難くない．

　このような想像は逆に，貨幣が私たちの生活をどれだけ便利で豊かなものにしてくれているかを教えてくれる．貨幣が存在することにより，私たちは生活に必要なすべてのものを自分でつくる必要はなくなり，さらに物々交換に応じてくれる人を探す努力も省くことができるようになる．このように私たちの生活に必要不可欠ともいえる貨幣であるが，驚くべきことに経済分析の標準的な枠組みである「一般均衡理論」（general equilibrium theory）では長く貨幣の役割を説明することができず，それゆえ現実の金融政策の効果なども十分に検討することができなかった．これらのことを背景とし，貨幣経済（貨幣が流通する経済）の諸性質を検討する「貨幣経済学」（monetary economics）の分野では，

- 貨幣が価値を持ち流通するのはなぜか
- 貨幣経済においてどのような金融政策を実施すべきか

という二つの問題が中心的課題として研究されてきた．

　これらの課題に対する解答は 1980 年代以降，様々な理論的研究によって与えられてきた．特に，標準的な貨幣経済モデルの多くでは，名目利子率をゼロにするような金融政策の運営を主張する「フリードマン・ルール」の最適性が示されてきた．しかし一方で，このフリードマン・ルールが各国中央銀行において採用されていると考えられる確かな証拠は必ずしもなく，理論と現実の乖離が問題視されていた．本書は，このような理論と現実の乖離を解消しようとする貨幣経済学における近年の研究の一端を概観するものであり，それによって貨幣経済に対する理解が少しでも深まるならば望外の喜びである．

謝辞

　本書の執筆にあたり多くの方々にお世話になった．大山道廣先生（慶應義塾大学経済学部名誉教授）と塩澤修平先生（慶應義塾大学経済学部教授）には，本書執筆の機会を与えて頂いた．妻，ゆいこは本書の執筆にあたり，自身の時間を犠牲にして，家事育児を一手に担い，献身的に支えてくれた．姉，大滝世津子（鎌倉女子大学児童学部児童学科講師）には，若年性認知症を患っている母の介護の大部分を負担してもらった．公益財団法人三菱経済研究所の滝村竜介氏（常務理事）からは，本書の内容を丁寧に読んだ上で，適切なコメントを頂戴した．また，同氏は遅筆な著者に対して常にポジティブな激励を送って下さり，本書の執筆は同氏なくして完成することはなかったと感じている．紙幅の都合上お名前を挙げることができず大変恐縮であるが，このほかにも多くの方々にお世話になった．ここに記して感謝の意を表したい．

2016 年 6 月

大滝　英生

目　　次

はしがき i

第1章　はじめに：本書の目的と構成 1
　1.1　ゼロ金利政策 1
　1.2　フリードマン・ルール 3
　1.3　本書の目的と構成 6

第2章　重複世代モデルにおける貨幣 9
　2.1　経済の基本的構造 10
　2.2　貨幣的均衡 13
　2.3　最適な金融政策 20
　2.4　おわりに 22

第3章　フリードマン・ルールの非最適性 25
　3.1　経済の基本的構造 26
　3.2　貨幣的均衡の定義 29
　　3.2.1　金融仲介機関と貨幣の導入 29
　　3.2.2　取引のタイミング 30
　　3.2.3　個人と銀行の契約 30
　　3.2.4　貨幣的均衡 32
　3.3　貨幣的均衡の存在 33
　3.4　最適な金融政策 37
　3.5　おわりに 39

第 4 章　不確実性とフリードマン・ルールの最適性 ················· 41
　4.1　経済の基本的構造 ······································· 43
　4.2　貨幣的均衡の定義 ······································· 47
　　　4.2.1　金融仲介機関と貨幣の導入 ························· 47
　　　4.2.2　取引のタイミング ································· 48
　　　4.2.3　個人と銀行の契約 ································· 49
　　　4.2.4　貨幣的均衡 ······································· 50
　4.3　貨幣的均衡の存在 ······································· 51
　4.4　名目利子率の最適水準 ··································· 61
　4.5　数値例 ··· 63

第 5 章　おわりに ··· 67

参考文献 ··· 71

第1章　はじめに：本書の目的と構成

1.1　ゼロ金利政策

■ゼロ金利政策

　1999年2月のことである．わが国中央銀行である日本銀行は，**ゼロ金利政策** (zero-interest-rate policy) の導入を決めた．このゼロ金利政策とは，**短期金融市場**（銀行間の短期資金貸借を行うための市場）の代表的金利である**無担保コールレート（オーバーナイト物）**を（可能な限り）ゼロに誘導することを目標とする政策のことである．この政策は，2000年8月から2001年2月までの六ヶ月間および2006年7月から2008年12月までの二年五ヶ月間に渡る（一時的な）解除期間を含めて，2013年4月の誘導目標廃止に至るまで実に十四年間にも渡り採用された．ゼロ金利政策は，その後に採用されることになる**量的緩和政策** (quantitative easing, QE) などとともに，それまでに採用されてきた伝統的な金融政策とは一線を画すことから**非伝統的** (unconventional) な金融政策と呼ばれる．

■導入の背景

　1997年に三洋証券が破綻して以降，山一証券や北海道拓殖銀行が経営破綻し，日本長期信用銀行や日本債券信用銀行が経営危機に直面した．これら金融機関の破綻・危機は，その当時に問題とされた巨額の不良債権処理とも関連するものだったのだが，金融システム全体の不

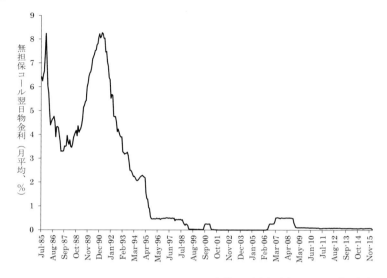

出所：日本銀行公表データより著者作成

図 1.1　無担保コールレート（オーバーナイト物，月平均）の推移

安定化を引き起こす要因となることが危惧された．ゼロ金利政策はそのような時期に導入されることになった．不良債権を抱える金融機関では債務超過が問題となったが，名目金利がプラスのままでは債務超過が拡大することになってしまう．このとき，名目金利がゼロになることで，債務超過の拡大を避けることが可能となる．[1] 実際にこのような効果を狙っていたかは定かではないが，ゼロ金利政策は金融システムの安定化を期待され導入されることになった．

■ゼロ金利政策の効果

1999 年のゼロ金利政策導入以降，一部の期間を除き，無担保コールレート（オーバーナイト物）はおおむねゼロに近い値を記録している（図 1.1 を参照）．このことは誘導目標が達成されていることを示してい

---

[1] Kobayashi [31] は，債務超過の銀行システムへの資本注入を先送りしようとすると，名目金利をゼロに設定せざるを得なくなることを理論的に示している．

るが，ゼロ金利政策には名目金利を低めに誘導した以上の効果があったと考えられている．その理由は，ゼロ金利政策に付随する**時間軸政策**にある．ここで時間軸政策とは，通常の政策目標に加えて，その政策を継続する期間も同時に約束することを意味する．ゼロ金利政策の場合は，それが導入された1999年4月13日の（日銀の）総裁定例記者会見における「デフレ懸念の払拭ということが展望できる情勢になるまでは，無担保コールレートを事実上0％で推移させ」る旨の発言が時間軸政策に該当すると考えられる．これは日本銀行がしばらくの間ゼロ金利を継続すると公表しているとも解釈でき，そのような政策の長期的な継続を前提とする経済活動を可能としたのである．誘導目標を解除した2013年以降も無担保コールレート（オーバーナイト物）はゼロに近い値をとることが常態化しており，ゼロ金利政策を導入して以降，経済が極端な低金利の状態に落ち着いてしまっている可能性を指摘できる．

1.2　フリードマン・ルール

■フリードマン・ルール

　非伝統的政策に分類されるゼロ金利政策であるが，名目金利をゼロに誘導するという政策目標自体は貨幣経済学の分野では古くから提案されているものであった．その分野ではもともと，社会的に望ましい貨幣水準（**貨幣の最適量**, optimum quantity of money），延いては社会的に望ましい金融政策とはどのようなものかが議論されてきた．このような問題に対して，マネタリストの創始者であるM. フリードマン(1912–2006)は名目利子率をゼロに誘導するような政策が社会的に望ましいことを主張した（Friedman [21] を参照）．これは，時間軸政策を伴わないものの，ゼロ金利政策の政策目標そのものと考えて差し支

えないであろう．今日では，名目利子率をゼロに誘導するという政策は，提唱者の名前に因み**フリードマン・ルール** (Friedman rule) と呼ばれている．[2]

■フリードマン・ルールの最適性

フリードマン・ルールが社会的に望ましくなる理由を部分均衡理論の観点から確認しよう．[3] まず，標準的な部分均衡理論の議論からは，社会的限界費用と社会的限界便益が一致するような貨幣水準が社会的に望ましいと考えられる．[4] ここで，貨幣を供給することの社会的限界費用は，その単位あたり印刷費程度の非常に微々たるものと考えられるので，以下ではゼロであると考えよう．すると，市場において社会的限界便益が（ほぼ）ゼロとなるような水準まで貨幣が需要されるようになる政策が社会的に望ましいといえる．しかし他方で，標準的な部分均衡理論の枠組みに従うと，貨幣需要量は私的限界便益が私的限界費用と一致する水準で決定されることになる．ここで，貨幣を1単位保有すると名目利子率分だけ将来の購買力を諦めることになるので，これが貨幣保有の私的限界費用と考えることにしよう．すると，社会的限界便益が（ほぼ）ゼロとなるような水準まで需要されるためには，名目利子率をゼロまで引き下げる必要があるということになる．以上の議論をまとめると，名目利子率をゼロに誘導するような政策が社会的に望ましいというフリードマンの主張が成立することになる．

■フリードマン・ルールの含意

フリードマン・ルールは名目利子率をゼロに誘導することを主張す

---

[2]フリードマン・ルールは**シカゴ・ルール** (Chicago rule) と呼ばれることもある．

[3]**部分均衡理論** (partial equilibrium theory) とは，分析対象とする商品・サービスを限定して，その市場の働きを分析するための理論である．

[4]ある財の**社会的限界費用**とは，その供給量を限りなくわずかに増やすとき，追加供給量1単位あたりに要する社会的な費用のことである．他方，ある財の**社会的限界便益**とは，その消費量を限りなくわずかに増やすとき，追加消費量1単位あたりから得られる社会的な便益（利益・利便性の金銭的評価）のことである．

るが，この政策は同時にデフレーションを導く可能性があることに注意が必要である．このことは，**フィッシャー方程式**(Fisher equation)を用いることで容易に確認することができる．フィッシャー方程式とは，実質利子率 r と名目利子率 i，インフレ率 π の間の関係を表す式であり，

$$1+r = \frac{1+i}{1+\pi}$$

が成立することを主張する．[5] この式における名目利子率 i にゼロを代入すると，

$$\pi = \frac{1}{1+r} - 1 = -\frac{r}{1+r}$$

が成立することになる．さらに，一般的には実質利子率 r の値はプラスになると考えられることから，$\pi < 0$ が従う．このことは，インフレ率がマイナスになる，すなわちデフレーションが発生することを意味するのである．

■ **フリードマン・ルールの現実性**

すでにフリードマン・ルールの最適性を部分均衡理論的な観点から確認したが，標準的なものに限定すると，様々なマクロ経済モデルにおいてもその最適性が確認されている．実際，キャッシュ・イン・アドバンス (cash in advance, CIA) 制約を伴うモデルやマネー・イン・ユーティリティ (money in utility, MIU) モデル [33, 29, 11],[6] 重複世代モデル [50, 36, 48]，貨幣サーチモデル [4, 32, 52] など貨幣を記述する標準的なモデルにおいて最適性が示されている．しかし，現実に目を向けてみると，フリードマン・ルールの誘導を目標とすることを明言する中央銀行は見受けられない．それどころか，Walsh [51] による実証研

---

[5]対数近似が可能な場合は，$r = i - \pi$ という近似式が成立する．
[6]CIA 制約や MIU モデルの詳細については Woodford [53] などを参照されたい．

究では，複数の国において 0 から 3%程度のインフレ目標を採用していることが報告されている．実際，日本においても（誘導目標の廃止に先立って）2013 年 1 月に物価安定の目標を消費者物価指数の前年比上昇率 2% に定めている．[7] この結果はデフレ政策を意味するフリードマン・ルールと非整合的であり，現実の国々ではフリードマン・ルールが採用されていないことを示唆している．このような理論と現実の間の大きな溝を埋めるべく，近年の理論的研究においては，フリードマン・ルールが非最適となるような経済環境を見いだすことが課題となっている．

1.3 本書の目的と構成

■目的

　これまでにみてきたことは，いくつかの問題を孕んでいる．特に，日本を含む多くの国において正のインフレ目標が設定されているにもかかわらず，日本のようにデフレ政策を意味するゼロ金利政策が採用されたり，極端な低金利の状態が継続している国々が存在したりしていることは矛盾しているようにみえる．そこで，本書では何らかの基準によってフリードマン・ルールが最適にも非最適にもなり得るような経済環境を提示することを目的とする．これにより，ゼロ金利政策の導入が正当化される状況を内包するような数理的経済モデルの存在を示すことが期待される．

■構成

　本書の構成は次の通りである．まず第 2 章では，後の章で用いられ

---

[7]日本銀行「金融政策運営の枠組みのもとでの『物価安定の目標』について」(http://www.boj.or.jp/announcements/release_2013/k130122b.pdf)を参照のこと．

る「重複世代モデル」の基礎を提示する．続く第3章では，フリードマン・ルールが非最適となるような経済環境を提示し，そこでの最適な金融政策を特徴付ける．第4章は，前章で提示された結果に残る問題点を指摘し，それを克服する手段として「不確実性」を導入した場合の最適な金融政策を検討する．最後の第5章では本書の内容をまとめる．

第2章 重複世代モデルにおける貨幣

　ゼロ金利政策あるいはフリードマン・ルールは名目利子率をゼロに誘導するような政策を表していた．ここで名目利子率とは，1単位の「貨幣」を貸し出す（借り入れる）ことで次期に得られる（返済することになる）金額を表す．したがって，名目利子率を議論するためには，貨幣が流通するような経済モデルを構築する必要がある．ところが，経済学における代表的な分析モデルである**一般均衡理論** (general equilibrium theory) では，貨幣が流通する状況を上手く描写することができなかった．一般均衡理論に代わる貨幣を描写する経済モデルの代表的なものの一つとして，Allais [2] や Samuelson [43] によって提案されたものが**重複世代** (overlapping generations, OLG) **モデル**である．[8] 本章では，次章以降での議論に先立ち，標準的な重複世代モデルの基本的な性質とそこにおける金融政策について紹介する．第1節では，本章で扱う重複世代モデルの基本的構造を紹介する．第2節では，貨幣が流通する均衡を定義し，その存在を確認する．第3節では，本章の枠組みにおける最適な金融政策を特徴付ける．

---

　[8]重複世代モデルが貨幣を記述するモデルとして広く認知されるようになったのは1980年代以降であり，その前後における Balasko and Shell [5, 6] や Cass, Okuno, and Zilcha [9], Wallace [50] などの精力的な研究の貢献によるところが大きい．

2.1 経済の基本的構造

■時間の構造

　時間を通じた経済の変化を考えるためには，その「時間」を明確にする必要がある．そのため最初に時間の構造を定める．時間は，初期時点を持ち，無限の将来まで続く離散的な期間によって表現されるとする．以下では特に，初期時点を1とし，代表的な期を**第 t 期**と表すことにする．この t がとりうる値は1以上の整数である．したがって，ここで考える経済は第1期から始まり，第2期，第3期，第4期，…という形で無限の将来まで続くものとする．

■財の構造

　次に，この経済で取引され得る財（つまり，商品・サービス）を定める．この経済には，毎期一種類の消費可能な商品・サービスが存在するとする．それらの商品・サービスについて，個別には第1期財，第2期財，第3期財，…，第 t 期財，… という形でそれぞれ名称を与え，総称して**消費財** (consumption good) と呼ぶことにする．また，この経済では生産技術に関わる問題は考察の対象外とし，ある期の財を他の期の財に変換する手段は皆無とする．そのため，ある期に消費されなかった財はそのまま腐ってしまい，次期に持ち越すことはできないものとする．その代わり，後述するように各個人が先天的に保有する形で，どの財も一定量が存在しているとする．

■人口の構造

　続いて人口の構造を定める．この経済では，各期初において，そこから連続する二期間だけ活動する個人が新たに誕生すると考えることにする．すなわち，経済に第 t 期に誕生した個人は，その期（**若年期**）と次の第 $t+1$ 期（**老年期**）の二期間だけ活動し，老年期が終了すると

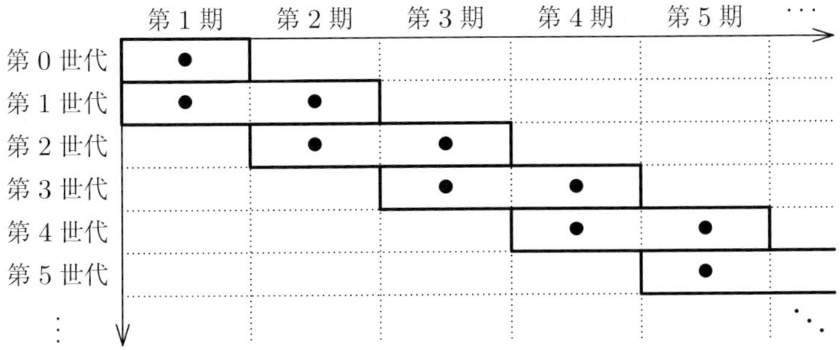

第 2 章 重複世代モデルにおける貨幣

図 2.1 人口の構造

経済から退出すると考える．このように，経済に第 t 期に誕生する個人を総称して，**第 t 世代**と呼ぶことにする．また，第 1 期に限り，**第 0 世代**と呼ばれる一期間だけ活動する個人が経済に参加していることにする．

このような人口構造は，図 2.1 のように表現することができる．この図を見ると明らかなように，各 t 期において第 $t-1$ 世代と第 t 世代の二つの世代が重複して存在するように，各世代が一期ずつずれながら経済に参加している．このような人口構造を有する点が，「重複世代モデル」と呼ばれるゆえんである．ここで考える人口構造について，もう一つ注意してほしいことがある．それは，異なる世代が同じ期に出会うのは高々一度であり，一度出会った世代と再び出会うことはないということである．この点は，重複世代モデルにおいて貨幣を論じる上で重要な性質になる．以下では，各期において，その期に誕生した世代を**若年世代**，その一期前に誕生した世代を**老年世代**と呼ぶことにする．

また，議論を簡潔にするため，各世代を構成する個人は一人のみであり，第 t 世代に属する個人を単に**個人 t** と呼ぶことにする．

■選好の構造

次に各個人の選好の構造を定めよう．本章では，各個人は経済に参

加する期間における消費にのみ興味があるとする．より正確には，個人 0 は第 1 期における自身の消費量 c_1^o が大きいほど好ましいと考えており，そのほかの個人 $t(t=1,2,3,\dots)$ は若年期の消費 c_t^y と老年期の消費 c_{t+1}^o のペア $(c_t^y, c_{t+1}^o) \in \mathbb{R}_+ \times \mathbb{R}_+$ を**生涯効用関数** (lifetime utility function)

$$U^t : \mathbb{R}_+ \times \mathbb{R}_+ \to \mathbb{R}$$

によって順位付けているとする．以下では議論を簡潔にするため，個人 0 を除く，すべての個人の生涯効用関数は同一であり，$\mathbb{R}_+$ 上の実数値関数 u と v が存在し，任意の $t=1,2,3,\dots$ に対して

$$U^t(c_t^y, c_{t+1}^o) = u(c_t^y) + v(c_t^y)$$

が成立するものとする．これらの u と v はそれぞれ，狭義単調増加，狭義凹かつその定義域の内部において二階連続微分可能であり，

$$\lim_{x \to 0} u'(x) = \infty \quad \text{かつ} \quad \lim_{x \to 0} v'(x) = \infty$$

を満たすものとする．最後の条件は若年期と老年期のいずれも消費量が正となることを保証するものである．また，生涯効用関数の狭義凹性より若年期と老年期の間で**異時点間の消費の平準化** (intertemporal consumption smoothing) が行われる．

■初期保有の構造

最後に個人の初期保有の構造を定めよう．議論の簡潔化のため，本章では，各個人は若年期においてのみ財を一定量保有しているとする．より正確には，各個人 t は第 t 財を ω 単位だけ保有していて，そのほかの財は先天的には一切保有しないことにする．このとき，各個人は次のような問題に直面する．すなわち，各個人は若年期と老年期それぞれにおいて消費したいと考えているにもかかわらず初期保有は若年期のみしかないため，その一部を老年期に持ち越さなければいけな

いのである．そのような手段が存在するかは市場や社会制度の仕組みに関連するが，この点は次節において検討することにする．

以上で経済を構成する基本的な要素の叙述は完了した．ここまでに定めた経済は，商品・サービスの種類と個人の数がそれぞれ（可算）無限であるため，**二重の無限** (double infinity) を伴う経済モデルと呼ばれることがある．

2.2　貨幣的均衡

■ 市場の導入

前節では重複世代モデルの基本的構造を定めたが，そこで行われる取引を分析するために**市場** (market) を導入しよう．本章では，各期において，その期の財を売買するための**現物市場** (spot market) と財の貸借を行うための**貸借市場** (loan market) が開かれ，その期に存在するすべての個人（つまり，その期の老年世代と若年世代）が参加することにする．市場参加者はすべて**価格受容者**（プライス・テイカー，price taker）であるとし，各 t 期の現物市場における財の価格 $P_t > 0$ と貸借市場における実質利子率 $r_{t+1} > 0$ を所与として行動するものとする．

これらの市場でどのような取引が行われるだろうか．実は，今のままでは取引は何ら行われない．その理由はこうである．市場に参加する老年世代は，自身の老年期の消費を少しでも増やしたいと考える．そのため，財を購入する誘引はあるのだが，逆に販売する誘引は持たない．他方，市場に参加する若年世代は自身の若年期と老年期の双方に目を向けつつ，若年期の消費を決定することになる．このとき，若年世代は他者と貸借契約を結ぶ誘引を持つと考えられる．その理由は，若年期には正の初期保有量があったが，老年期には一切の財を保有していないことにある．そのため，若年期の初期保有量の一部を貸し出す

ことで老年期の消費も賄うことが企図される．ところが，そのような貸借契約を結ぶことは不可能である．まず，各世代は一人から構成されると考えていたので，仮に貸借契約を結ぶとするならば，若年世代の相手は同じ期に存在する老年世代の個人となる．しかし，人口構造の都合で，若年世代の個人は老年世代の個人と二度と会うことがない．つまり，契約を結んでもそれを清算する機会が二度と訪れないのである．そのため，個々人が合理的に判断する限り，貸借契約が結ばれることはない．そして，貸借契約が結ばれないため，若年世代が老年世代に財を販売するということも起こり得ないのである．結局のところ，何かしらの社会的な仕組みが追加されない限り，取引は行われないことになる．

■貨幣の導入

それでは，取引を実現するためにはどうしたら良いだろうか．その一つの解決策として，**貨幣** (money) を導入しよう．この経済には中央銀行が存在し，毎期貨幣を新規発行するものとし，第 $t-1$ 期における**貨幣残高** (money stock) を $M_{t-1} > 0$ で表すことにする．ただし，M_0 は第 1 期が始まる時点での貨幣残高であり，第 0 世代の個人に保有されているものとする．この貨幣残高の推移は

$$M_t = (1+\mu)M_{t-1}$$

という式に従うものとする．ここで，$\mu > -1$ は貨幣残高の成長率を表し，時間を通じて一定であり，中央銀行によって選択されるものとする．すると，各 t 期において，

$$\Delta_t := M_t - M_{t-1} = \frac{\mu}{1+\mu}M_t$$

だけの貨幣が新規発行されることになる．この新規発行された貨幣は，その期の若年世代に等しく配分されるものとする．

第2章 重複世代モデルにおける貨幣

ここで貨幣の「実質残高」についても言及しよう．一般に，財換算での貨幣残高を**実質残高** (real money balance) と呼ぶ．この考えに従うと，第 t 期の実質貨幣残高は

$$q_t = \frac{M_t}{P_t}$$

と表現することができる．ここで，財の価格 P_t と実質貨幣残高 q_t の関係に注目してほしい．一見してわかる通り，一方の水準を決めると他方の水準も同時に決まることになる．そのため，以下ではしばしば価格の決定と実質貨幣残高の決定を同一視する．

■個人の意思決定

このように貨幣を導入すると，どのような取引が実現するであろうか．そのことを考えるために，第 t 期に誕生する個人の意思決定について考えよう．各個人は若年期と老年期のそれぞれにおいて現物市場と貸借市場に参加するのであった．若年期は保有する財を販売したり貸し出したりすることで貨幣を獲得するので，そこでの予算制約式は

$$m_t - \Delta_t \leq P_t(\omega - \ell_t - c_t^y)$$

あるいは同値であるが

$$P_t c_t^y \leq P_t(\omega - \ell_t) - (m_t - \Delta_t)$$

と表すことができる．ここで，m_t は第 $t+1$ 期に持ち越す貨幣量を，c_t^y は若年期の消費量を，ℓ_t は貸し出す消費財の量をそれぞれ表している．したがって，最初の式は，取引の際に販売する財の金額（右辺）は若年期の取引によってに新たに獲得する貨幣量（左辺）以上でなければいけないことを表していると解釈できる．他方，老年期は貸し出しの収益と持ち越した貨幣を用いて消費を行なうため，そこでの予算制約

式は

$$P_{t+1}c^o_{t+1} \leq P_{t+1}(1+r_{t+1})\ell_t + m_t$$

と表すことができる．各個人はこれらの予算制約式を所与とし，生涯効用 $U^t(c^y_t, c^o_{t+1})$ を最大化するように行動する．

予算制約式についてもう少し考えてみよう．若年期と老年期の予算制約式はいずれも，財の価格 P_t の代わりに，実質貨幣残高を用いて表現することができる．その場合，若年期と老年期の予算制約式はそれぞれ

$$c^y_t \leq \omega - \ell_t - \frac{m_t - \Delta_t}{P_t} = \omega - \ell_t - \left(\frac{m_t}{M_t} - \frac{\mu}{1+\mu}\right)q_t \tag{2.1}$$

および

$$c^o_{t+1} \leq (1+r_{t+1})\ell_t + \frac{1}{1+\mu}\frac{m_t}{M_t}q_{t+1} \tag{2.2}$$

と書き直すことができる．さらに，これら二つの式を ℓ_t を消去するように統合することで，**通時的予算制約式** (intertemporal budget constraint)

$$c^y_t + \frac{c^o_{t+1}}{1+r_{t+1}} \leq \omega + \frac{\mu}{1+\mu}q_t - \frac{i_{t+1}}{1+i_{t+1}}q_t\frac{m_t}{M_t} \tag{2.3}$$

を得ることができる．ここで，

$$\begin{aligned}i_{t+1} &= (1+r_{t+1})\frac{P_{t+1}}{P_t} - 1 \\ &= (1+r_{t+1})(1+\mu)\frac{q_t}{q_{t+1}} - 1 \\ &> -1\end{aligned}$$

であり，**名目利子率** (nominal interest rate) を表す．通時的予算制約式の最後の項をみると，名目利子率 i_{t+1} が負でない限り，貨幣は生涯を

通じた財の購入に充てることのできる金額を減らす効果があり，その意味において保有することが望ましくないことがわかる．

■貨幣的均衡の定義

均衡理論では，市場において需給が一致するように価格が決まると考える．特に，貨幣が価値を持ち流通する均衡を貨幣的均衡と呼ぼう．本章の枠組みでは，貨幣的均衡を次のように定義できる．

定義 2.1 実質貨幣残高 q_t，実質利子率 r_{t+1} と各人の消費計画 (c_t^y, c_{t+1}^o) の流列 $\{q_t, r_{t+1}, (c_t^y, c_{t+1}^o)\}_{t=1}^{\infty}$ が**貨幣的均衡** (monetary equilibrium) であるとは，貨幣保有量 m_t と貸出 ℓ_t の流列 $\{m_t, \ell_t\}_{t=1}^{\infty}$ が存在して，任意の $t = 1, 2, 3, \ldots$ について

M1. $(c_t^y, c_{t+1}^o, m_t, \ell_t)$ は逐次的予算制約式 (2.1) と (2.2) の下で生涯効用 $U^t(c_t^y, c_{t+1}^o)$ を最大化していて，

M2. 第 t 期の財市場と貸借市場において需給が均衡する，すなわち

$$c_t^y + c_t^o = \omega$$

および

$$\ell_t = 0$$

が成立することをいう．さらに，時間を通じて実質貨幣残高 q_t の水準が一定であるような貨幣的均衡を**貨幣的定常状態** (monetary steady state) と呼ぶことにする．

このような貨幣的均衡がもしも存在するならば，貨幣がないときと異なり，若年世代が財を販売し，老年世代はその対価として貨幣を支払うという取引が実現することになる．なお，このように財市場と貸借市場での需給均衡によって定義された貨幣的均衡の下では，毎期貨幣市場での需給も均衡する，すなわち

$$m_t = M_t$$

がすべての $t = 1, 2, \ldots$ について成立することを容易に確認できる．

■**名目利子率の非負性**

このような貨幣的均衡から興味深い性質を導くことができる．それは，名目利子率の非負性である．このことは，マイナスの金利は均衡として支持されないと言っても良いかもしれない．その理由は至って単純である．仮に，ある貨幣的均衡を考えたとき，第 t 期の名目利子率 i_{t+1} が負の値をとったとしよう．すると，通時的予算制約式 (2.3) から，個人 t は貨幣の保有量を増やせるだけ増やしたいと考えるであろう．このことは，第 t 期の貨幣の供給量，すなわち貨幣の残高は M_t であるにもかかわらず，貨幣の需要量，すなわち個人 t の貨幣保有量 m_t は無限に増加し，需給が均衡しないことを意味する．しかし，そのようなことは貨幣的均衡では認められないので，名目利子率 i_{t+1} が負の値をとるとした最初の仮定が誤りであるということになる．したがって，貨幣的均衡に置いて名目利子率がマイナスの値をとることは決してないのである．

ちなみに，本章のモデルにおいては，上記の非負性を確認したのと同じように考えることで，名目利子率は正の値もとらないことを確認できる．したがって，本章のモデルにおける名目利子率の値は必ずゼロにならなければいけない．

■**貨幣的均衡の特徴づけ**

ここまでの話は貨幣的均衡の存在を前提としていたが，その存在は証明を要することである．ここでその確認をしよう．まず，個人の生涯効用最大化問題の解 $(c_t^y, c_{t+1}^o, m_t, \ell_t)$ が満たすべき必要十分条件は，非負のラグランジュ乗数 λ^y, λ^o が存在して，

$$u'(c_t^y) = \lambda^y$$
$$v'(c_{t+1}^o) = \lambda^o$$

第2章 重複世代モデルにおける貨幣

$$0 = -\lambda^y + (1+r_{t+1})\lambda^o$$

$$0 = -q_t\lambda^y + \frac{q_{t+1}}{1+\mu}\lambda^o$$

$$c_t^y = \omega - \ell_t - \left(\frac{m_t}{M_t} - \frac{\mu}{1+\mu}\right)q_t$$

$$c_{t+1}^o = (1+r_{t+1})\ell_t + \frac{1}{1+\mu}\frac{m_t}{M_t}q_{t+1}$$

が成立することである．これらの式と，貨幣・貸借市場での需給均衡条件 $m_t = M_t$ および $\ell_t = 0$ を組み合わせることで，貨幣的均衡における実質貨幣残高の流列 $\{q_t\}_{t=1}^{\infty}$ は

$$\frac{u'\left(\omega - \frac{q_t}{1+\mu}\right)}{v'\left(\frac{q_{t+1}}{1+\mu}\right)} = \frac{1}{1+\mu}\frac{q_{t+1}}{q_t} \tag{2.4}$$

によって完全に特徴づけることができる．この式は，左辺が限界代替率を，右辺が貨幣の収益率を表しているので，均衡においてそれらが均等化されることを述べている．さらに，q_t が決まれば c_t^y や c_{t+1}^o, r_{t+1} なども上の一連の式から導くことができる．したがって，この式を満たすような実質貨幣残高の流列 $\{q_t\}_{t=1}^{\infty}$ が存在することを示せれば，貨幣的均衡の存在を確認できるのである．

■貨幣的均衡の存在

本節では特に，貨幣的定常状態の存在を示そう．つまり，実質貨幣残高の水準は q_* で常に一定であるような，貨幣的均衡をみつけるのである．そのために，任意の $x \in (0, \omega)$ に対して，

$$f(x) = \frac{u'(\omega - x)}{v'(x)}$$

と定義しよう．これは，u と v に課された狭義凹性と端点条件より，f

は

$$\lim_{x \to 0} f(x) = 0 \quad \text{かつ} \quad \lim_{x \to \omega} f(x) = \infty$$

を満たす単調増加かつ連続な関数である．ここで中間値の定理を用いることで，

$$f(x_*(\mu)) = \frac{1}{1+\mu}$$

かつ $0 < x_*(\mu) < \omega$ が成立するような $x_*(\mu)$ が一意に存在することを確認できる．ここで $q_*(\mu) := (1+\mu)x_*(\mu)$ かつ $q_t := q_*(\mu)$ によって実質貨幣残高の流列 $\{q_t\}_{t=1}^{\infty}$ を定義すると，これは (2.4) を満たすので，貨幣的均衡における実質貨幣残高の唯一の流列であるといえる．このことから，貨幣的均衡の存在と一意性が確認できた．以上の内容をまとめることで，次の命題を得る．

命題 2.1 貨幣的定常状態が存在し，それは一意である．

2.3 最適な金融政策

■貨幣成長率と均衡実質残高

前節では，貨幣的均衡を定義し，貨幣的定常状態の存在を確認した．しかし，その証明を注意深く観察すると，貨幣残高の成長率 μ に依存して，貨幣的定常状態の構成内容も変化することがわかる．このことを確認しよう．そのために (2.4) 式を思い出して頂きたい．この式は，貨幣的定常状態では

$$f(x_*(\mu)) = \frac{u'\left(\omega - \dfrac{q_*(\mu)}{1+\mu}\right)}{v'\left(\dfrac{q_*(\mu)}{1+\mu}\right)} = \frac{1}{1+\mu}$$

と書くことができる．ここで貨幣成長率 μ が増加したとしよう．すると，貨幣の収益率である $1/(1+\mu)$ の水準が減少することになる．そのため，貨幣成長率増加後も貨幣的定常状態が実現するためには，f が増加関数なので，左辺の $x_*(\mu)$ が減少しなければいけない．すなわち，

$$x'_*(\mu) < 0$$

が成立する．容易に確認できるが，そのような $x_*(\mu)$ の減少は，均衡における若年期の消費を増加させ，老年期の消費を減少させる効果を持つ．

■中央銀行の目標と貨幣の最適成長率

貨幣成長率の変化は均衡の構成内容に影響を与えることを確認した．するとここで，社会的に望ましい貨幣成長率 μ の水準はいくらか，という問題を見いだすことができる．以下では，そのような社会的に望ましい貨幣成長率の水準について検討する．現在考えている経済では，第0世代を除き，すべての個人が同質であるため，貨幣的定常状態における厚生は，

$$W(\mu) = u(\omega - x_*(\mu)) + v(x_*(\mu))$$

と表現することができる．中央銀行が実際にどのように貨幣成長率を決めているか，という問題はあるものの，本節では中央銀行は W を最大にするように貨幣成長率を決めると考えることにする．それでは，そのような貨幣成長率はどのような水準になるだろうか．W の微分係数を求めることで，この問題の答えを検討しよう．W の貨幣成長率が

$\mu > -1$ のときの微分係数 $W'(\mu)$ は,

$$W'(\mu) = x'_*(\mu)\left[-u'\left(\omega - \frac{q_*(\mu)}{1+\mu}\right) + v'\left(\frac{q_*(\mu)}{1+\mu}\right)\right]$$

$$= x'_*(\mu)\frac{\mu}{1+\mu}v'\left(\frac{q_*(\mu)}{1+\mu}\right) \begin{Bmatrix} > \\ = \\ < \end{Bmatrix} 0 \quad \text{if} \quad \mu \begin{Bmatrix} < \\ = \\ > \end{Bmatrix} 0$$

と計算できるが,これは貨幣的定常状態での厚生 W が $\mu = 0$ のとき最大化されることを意味している.すなわち,本章で考えた非常に単純な重複世代モデルでは,貨幣量を一定にすることが最適な金融政策である,ということになる.また,すでに確認していることだが,このときの名目利子率はゼロにならなければいけない.以上をまとめることで,次の命題を得る.

命題 2.2 貨幣的定常状態における厚生を最大にするような貨幣成長率が一意に存在し,その下での名目利子率はゼロである.

2.4 おわりに

本章では単純な重複世代モデルを考え,そこでの貨幣的均衡の存在と最適な金融政策について論じた.まず,貨幣的均衡の存在を示したが,これは重複世代モデルによって貨幣が流通するような経済を描写できていることを表している.また,貨幣成長率をゼロとすることが最適な金融政策となることを示した.

これらの結果にはいくつかの注意が必要である.まず,本章で得られた結果は既存の実証研究と必ずしも整合的ではない.第 1 章で述べたように,Walsh [51] によっていくつかの国において正のインフレ目標が採用されていることが報告されている.しかし,本章が示した最

適な金融政策の下では，インフレ率は0となることを容易に確認することができる．したがって，既存の実証研究と整合的な議論をするためには本章で考えたモデルに何らかの修正を加える必要がある．

　また，本章の結果が持つ頑健性はいささか弱いものであり，モデルの些細な変更によって結果が大きく変わる可能性があることにも注意が必要である．ここでは二つの例を挙げよう．一つ目の例は，老年期の初期保有量が十分に多い場合である．本章の設定と異なり，各個人が老年期にも十分な財をあらかじめ有するならば，各個人は若年期に貨幣を対価として財を販売することはしないだろう．二つ目の例は，貨幣よりも高い収益率を実現する資産が存在する場合である．その場合，人々は貨幣よりも収益率の高い資産によって取引や富の貯蔵を行い，貨幣は保有されなくなる．いずれの場合にせよ，貨幣に対する需要が消滅し，貨幣が流通する経済を描写することは最早不可能となる．

　次章では，流動性不足が発生する可能性がある経済における最適な金融政策を考えるが，より頑健な貨幣的均衡が存在する経済をどのように描写するかという点が重要になる．

第3章 フリードマン・ルールの非最適性

第1章で述べたように,名目利子率をゼロに誘導することを主張するフリードマン・ルールの最適性は様々なモデルにおいて支持されてきたが,それは必ずしも現実の金融政策とは整合的ではなかった.このような理論と現実の橋渡しをすべく,近年の理論的な研究ではフリードマン・ルールが非最適となるような経済環境を見いだすことを課題としている.そのような一連の研究において,Champ, Smith, and Williamson [10] と Smith [49] は一つの重要な流れを作り出した.Champ, Smith, and Williamson [10] は Diamond and Dybvig [14] によって議論された金融仲介機関としての役割を果たす銀行を,Wallace [50] が提示した重複世代モデルに導入し,「地理的分断を伴う重複世代モデル」を初めて提案した.そして,Smith [49] はそのようなモデルにおいてフリードマン・ルールが非最適となることを示したのである.彼らの研究はその後も様々な形で拡張されており(たとえば,[7, 27, 35, 37, 42, 47]),この分野の研究の基礎を理解するためにも重要なものである.本章では彼らのモデルのエッセンスを Haslag and Martin [27] に依拠しながら概観する.

本章の構成は次の通りである.第3.1節ではモデルの基本的構造を提示し,第3.2節で貨幣的均衡を定義する.そして第3.3節において貨幣的定常状態の存在を示し,第3.4節において最適な金融政策の特徴付けを行う.

3.1 経済の基本的構造

本章では，Champ, Smith, and Williamson [10] や Smith [49] によって導入された地理的分断を伴う重複世代モデルを紹介する．本章のモデルは特に，Haslag and Martin [27] で扱われているモデルに近いので，興味ある読者はそちらも参照されたい．

■時間と空間の構造

時間は，初期時点を持ち，無限の将来まで続く離散的な期間によって表現されるとする．以下では特に，初期時点を 1 とし，代表的な期を**第 t 期**と表すことにする．また，この t がとりうる値は 1 以上の整数とする．したがって，ここで考える経済は第 1 期から始まり，第 2 期，第 3 期，…という形で無限の将来まで続くものとする．また，この経済には二つの島があり，それらの島の間ではいかなる交流も行われないものとする．

■消費財と貯蔵技術

この経済に存在する消費可能な商品・サービスはただ 1 種類のみとし，それを**消費財** (consumption good) と呼ぶことにする．この消費財は，後から定めるように，各期一定量が先天的に存在し，その期に存在する各個人によって保有されているとする．また，この経済には**貯蔵技術** (storage technology) が存在し，各期において消費されなかった消費財を次期に持ち越すことができるとする．この貯蔵技術の純収益率は ρ（ただし，$\rho > 0$）であり，ある期に k 単位の消費財を貯蔵することで，その次の期に $(1+\rho)k$ 単位だけの消費財を利用できるものとする．ただし，いかなる技術を用いても，一つの島から他の島へと財を移転することはできないものとする．

第3章 フリードマン・ルールの非最適性

■人口の構造

続いて人口の構造を定める．この経済には二つの島があるが，それぞれの島で各期初に，二期間だけ生存する個人が誕生することにする．ある島で誕生した個人たちは 0 から 1 までの**連続体** (continuum) で表され，その人口の**測度** (measure) は 1 であるとする．そして，第 t 期に誕生する個人を総称して**第 t 世代**と呼ぶことにする．また，第 1 期にのみ限り，一期間だけ生存する測度 1 の個人の連続体から構成される**第 0 世代**が存在するとする．以下，個人の誕生期を**若年期**，その次の期を**老年期**と呼ぶことにする．また，第 t 期には第 $t-1$ 世代と第 t 世代の二つが存在することになるが，前者を第 t 期の**老年世代**，後者を第 t 期の**若年世代**などと呼ぶことにする．

■初期保有と選好の構造

最後に各個人の初期保有と選好の特徴を定めることにする．後ほど経済の定常性を検討するために，ここでは第 1 期以降に誕生する二期間生存する各個人は初期保有と選好の構造について**事前の意味で同質** (ex-ante homogeneous) である．すなわち取引を行う直前までは上記のどの個人も同様の性質を有すると考えることにする．また議論の単純化のために，各個人は老年期の消費のみに興味があるとする．

初期保有の構造

まず，議論の簡潔化のため，本章では，各個人は若年期においてのみ財を一定量保有しているとする．より正確には，各個人 t は第 t 財を ω 単位だけ保有していて，そのほかの財は先天的には一切保有しないことにする．このとき，各個人は次のような問題に直面する．すなわち，各個人は若年期と老年期それぞれにおいて消費したいと考えているにもかかわらず初期保有は若年期のみしかないため，その一部を老年期に持ち越さなければいけないのである．財を時期を越えて持ち越す方法については次節以降で検討する．

タイプの学習

各個人の選好については次のような設定を行うことにする．まず，各個人は事前の意味では同質だが，若年期の終了間際に自身の**タイプ** (type) を学習することにする．具体的には，その期の若年世代のうち $\hat{\lambda}_\alpha$ の割合の個人がタイプ α に，残りの $\hat{\lambda}_\beta$ の割合の個人がタイプ β になるとする．ただし，$\hat{\lambda}_s (s=\alpha, \beta)$ は $\hat{\lambda}_s > 0$ かつ $\hat{\lambda}_\alpha + \hat{\lambda}_\beta = 1$ を満たすものとする．タイプ α の個人は若年期の終了後に自身が生まれた島からもう一つの別の島に移動する一方で，タイプ β の個人は自身が生まれた島でそのまま老年期を過ごすことにする．このようなタイプの設定は，富の貯蔵に加えて，各個人にもう一つの問題を突きつける．すなわち，タイプ α になり島を移動しなければいけないとき，この経済には財そのものを移転する手段がないのである．このような地理的な分断に伴う問題も貨幣を用いることで克服できることが後から確認される．

条件付き消費計画

タイプは若年期の終了間際で判明するため，若年期の期初ではどの個人にとっても自身のタイプは不明である．そのため，各個人が若年期の段階で計画する生涯を通じた消費計画はタイプ $s \in \{\alpha, \beta\}$ によって条件付けられたものとなる．より正確には，第 t 期に誕生する個人の老年期においてタイプが s であるときの消費量を c^s_{t+1} と表すことにし，$(c^\alpha_{t+1}, c^\beta_{t+1}) \in \mathbb{R}^2_+$ によって**条件付き消費計画** (contingent consumption plan) を表すことにする．

期待効用関数の構造

ここまでの設定を踏まえて，各個人の条件付き消費計画 $(c^\alpha_{t+1}, c^\beta_{t+1})$ 上の選好関係は期待効用関数 (expected utility function)

$$U(c^\alpha_{t+1}, c^\beta_{t+1}) := u(c^\alpha_{t+1})\hat{\lambda}_\alpha + u(c^\beta_{t+1})\hat{\lambda}_\beta$$

によって表現されることにする.ただし,u は狭義単調増加,狭義凹かつ定義域の内部において二階連続微分可能な $\mathbb{R}_+$ 上の実数値関数とする.さらに,$\lim_{c\downarrow 0} u'(c) = 0$ が成立すると仮定する.

3.2 貨幣的均衡の定義

3.2.1 金融仲介機関と貨幣の導入

本節では貨幣が流通する貨幣的均衡を定義する.そのためにまず,幾つかの組織と貨幣を導入する.各島では毎期,新しい個人が誕生するが,それらの個人が共同して金融仲介機関(ここでは銀行と呼ぶことにする)をつくることにする.後から確認するように,これらの銀行は各個人の流動性リスクを緩和する働きを持つことになる.この経済ではまた,中央銀行が存在することにしよう.中央銀行は毎期貨幣を新規発行するものとし,各島での第 $t-1$ 期における**人口一人あたり貨幣残高** (per capita money stock) を $M_{t-1} > 0$ で表すことにする.ただし,M_0 は第 1 期が始まる時点での貨幣残高であり,第 0 世代の個人に保有されているものとする.この人口一人あたり貨幣残高の推移は

$$M_t = (1+\mu)M_{t-1}$$

という式に従うものとする.ここで,$\mu > -1$ は貨幣残高の成長率を表し,時間を通じて一定であり,中央銀行によって選択されるものとする.すると,各 t 期において,

$$\Delta_t := M_t - M_{t-1} = \frac{\mu}{1+\mu} M_t$$

だけの貨幣が新規発行されることになる.この新規発行された貨幣は,その期の若年世代に等しく配分されるものとする.

3.2.2 取引のタイミング

取引のタイミングは次の通りである．各 t 期初に若年世代に属する個人は銀行と預金契約を交わす．そして銀行は，その期の現物市場に参加し，預金の一部を貨幣に，残りを貯蔵技術に投資する．第 t 期の終わりに若年世代の各個人は自身のタイプを学習し，タイプ α の個人は銀行から預金を引き出して他の島に移動する．次の第 $t+1$ 期では，銀行は清算され，残っている資産はすべてタイプ β の老人が等しく受け取ることになる．最後に，財の価格を P_t, 人口一人あたり実質貨幣残高を $q_t = M_t/P_t$ によって表し，それらの決定を同一視することにする．また，

$$i_{t+1} := (1+\rho)\frac{P_{t+1}}{P_t} - 1 = (1+\rho)(1+\mu)\frac{q_t}{q_{t+1}} - 1$$

によって名目利子率を定義する．

3.2.3 個人と銀行の契約

それでは，第 t 期に設立された銀行の行動を考えてみよう．本章の残りでは，各 t 期の銀行はその預金者を，その期の中に預金を引き出しに来るかどうかで区別するものとする．このとき，銀行はその預金者に「契約」を提示するものとする．ここで**契約** (contract) とは，

- 世代 t に属する個人の預金 d_t,
- 条件付き消費計画 $c_t = (c_{t+1}^{\alpha}, c_{t+1}^{\beta})$,
- 貯蔵技術と貨幣への投資量 (k_{t+1}, m_t)

の一覧

$$(d_t, c_t, (k_{t+1}, m_t))$$

であるとする．銀行が個人に提示する預金の「最適性」を考えるため，銀行の行動を考えることにする．

■銀行の行動

第 t 期に設立された銀行は四つの制約に直面する．最初は預金に関する制約である．個人が若年期に保有する所得は $\omega+\tau_t$ であるから，個人が選択可能な預金 d_t は

$$d_t \leq \omega + \tau_t \tag{3.1}$$

を満たさなければいけない．ただし，$\tau_t := \Delta_t/P_t = [\mu/(1+\mu)]q_t$ である．

二つ目の制約は銀行のポートフォリオに関する制約である．銀行は預金の範囲内で貯蔵技術と貨幣に投資しなければいけないので，

$$k_{t+1} + \frac{m_t}{P_t} \leq d_t \tag{3.2}$$

が成立しなければいけない．ここで，$k_{t+1} \in \Re_+$ と $m_t/P_t \in \Re_+$ はそれぞれ貯蔵技術と貨幣への財の投資量を表す．

三つ目の制約は，老年期の消費に関するものである．銀行は個人の老年期の消費についても計画できるが，それらは貯蔵技術や貨幣の収益によって実現できるものでなければいけない．このことは次の

$$c_{t+1}^{\alpha}\hat{\lambda}_{\alpha} + c_{t+1}^{\beta}\hat{\lambda}_{\beta} \leq (1+\rho)k_{t+1} + \frac{m_t}{P_{t+1}} \tag{3.3}$$

という制約式でとらえることができる．この不等式はまた，

$$(1+\rho)k_{t+1} + \frac{m_t}{P_{t+1}} - \left[c_{t+1}^{\alpha}\hat{\lambda}_{\alpha} + c_{t+1}^{\beta}\hat{\lambda}_{\beta}\right] \geq 0$$

と書き直すことができる．左辺最初の二項は銀行にとっての資産運用による収入を表し，その後の大括弧の中身は消費者に支払われる利息（銀行にとっての費用）を表す．そのため，それらの差を表している最後の式の左辺は銀行の利潤を表していると解釈できる．結局のところ，最後の式は利潤がゼロ以上であることを要求していることになり，銀

行にとっての**個人合理性制約** (individual rationality constraint) あるいは**参加制約** (participation constraint) を表しているとも解釈できる.

最後の制約は, **流動性制約** (liquidity constraint) と呼ばれるものである. タイプ α の個人は, 老年期において島を移動してしまうため, 彼らが預金した銀行と連絡が一切とれなくなってしまい, 預金も引き出すことが不可能になる. そのため, 彼らは島を移動する前に預金を引き出すことになる. 翻すと, 銀行は必ず預金の引き出しに備えて十分な貨幣を保有する必要があるということになる. このことは

$$c_{t+1}^{\alpha}\hat{\lambda}_{\alpha} \leq \frac{m_t}{P_{t+1}} \tag{3.4}$$

という制約式で表現することができる.

■ 契約の最適性

ここまで銀行が考慮すべき制約を確認したが, 以下では (3.1) から (3.4) を制約とし, 社会的厚生 $U(c_t)$ を最大にするような契約 $(d_t, c_t, (k_{t+1}, m_t))$ を**最適** (optimal) であるということにする.

3.2.4 貨幣的均衡

それでは貨幣が流通する均衡を定義しよう.

定義 3.1 人口一人あたり実質貨幣残高 $q_t \in]0, (1+\mu)\omega]$, 条件付き消費計画 $c_t = (c_{t+1}^{\alpha}, c_{t+1}^{\beta})$, と貯蔵技術への投資 $k_{t+1} \in [0, \omega]$ の一覧 $\{q_t, c_t, k_{t+1}\}_{t=1}^{\infty}$ が**貨幣的均衡** (monetary equilibrium) であるとは, 預金と貨幣保有量の流列 $\{d_t\}_{t=1}^{\infty}$ and $\{m_t\}_{t=1}^{\infty}$ が存在して, すべての期 t において

ME1:

$(d_t, c_t, (k_{t+1}, m_t))$ は最適であり, それは $U(c_t)$ を (3.1)–(3.4) を制約として最大化していて,

ME2:

貨幣市場が均衡している，すなわち $m_t = M_t$

が成立することをいう．また，ある $(q, c, k) \in \Re_{++} \times \Re_+^2 \times \Re_+$ が存在し，すべての t について $(q_t, c_t, k_{t+1}) = (q, c, k)$ が成立するような貨幣均衡を**貨幣的定常状態** (monetary steady state) と呼ぶことにする．

3.3 貨幣的均衡の存在

■名目利子率の非負性

前章と同様に，貨幣的均衡においては，名目利子率がマイナスの値を取り得ないことを確認しよう．まずは，名目利子率は $1 + i_{t+1} = (1+\rho) P_{t+1}/P_t$ によって定義されていたことを思い出そう．ここで，$1 + \rho > 0$ かつ $P_{t+1}/P_t > 0$ が成立することより，$i_{t+1} > -1$ が成立する．

名目利子率がとりうる値の範囲は，さらに絞り込むことができる．実際，(3.1)–(3.3) 式を整理することで，銀行の通時的予算制約式として

$$\frac{c_{t+1}^\alpha \hat{\lambda}_\alpha + c_{t+1}^\beta \hat{\lambda}_\beta}{1+\rho} \leq \omega + \tau_t - \frac{i_{t+1}}{1+i_{t+1}} \frac{m_t}{P_t} \tag{3.5}$$

を得る．この不等式の右辺最後の項である $i_{t+1}/(1+i_{t+1})$ は貨幣保有の費用を表していると解釈できる．ここで，ある期の名目利子率が負の値をとったとしよう．すなわち，$-1 < i_{t+1} < 0$ がある t 期に成立したとする．このとき，第 t 期に設立された銀行は貨幣保有量を限りなく増やすことになるが，それは貨幣市場において需給均衡条件 $m_t = M_t$ が成立することに矛盾する．したがって，いかなる貨幣的均衡であれ，$i_{t+1} \geq 0$ が必ず成立しなければいけない．ここまでの議論をまとめることで，次の命題を得る．

命題 3.1 いかなる貨幣的均衡においても名目利子率は必ず非負になる．

この命題は，名目利子率が負の値をとるような貨幣的均衡は存在しないと言い換えることもできる．このことは，マイナスの利子率を無理矢理に実現したとしても，安定的な市場取引を実現することはないことを意味している．

■流動性制約の役割

前章では，名目利子率は必ずゼロと等しくならなければいけなかったが，本節では正となることも許容され得る．この点を流動性制約 (3.4) の役割とあわせて確認しよう．もしも名目利子率が正の場合，銀行は可能な限り貨幣の保有量を減らしたいと考えるであろう．ここで，銀行が実際に貨幣保有量をゼロにすることを妨げるという重要な役割を流動性制約が果たすことになる．事実，本章の設定では各個人は老年期に消費することを選好するが，タイプ α の個人の消費を賄うために銀行は必ず貨幣を少なからず保有する必要がある．このような流動性制約の役割はまた，貨幣的均衡の存在を保証する働きもあることを確認できる．

■貨幣的均衡の特徴付け

効用関数 u の単調増加性より，最適契約は制約式 (3.1)–(3.3) を等号で満たすことが確認できる．さらに，名目利子率が正の値をとる場合，流動性制約 (3.4) も等号で成立することになる．その結果，最適契約においては

$$c_{t+1}^\alpha = \frac{1}{\hat{\lambda}_\alpha} \frac{m_t}{P_{t+1}} = \frac{1}{\hat{\lambda}_\alpha} q_{t+1} \frac{m_t}{M_{t+1}},$$

$$c_{t+1}^\beta = \frac{1+\rho}{\hat{\lambda}_\beta} \left[\omega + \tau_t - \frac{m_t}{P_t} \right] = \frac{1+\rho}{\hat{\lambda}_\beta} \left[\omega + \tau_t - q_t \frac{m_t}{M_t} \right]$$

が成立しなければいけない．したがって，銀行は

$$V(m_t) = u\left(\frac{1}{\hat{\lambda}_\alpha}q_{t+1}\frac{m_t}{M_{t+1}}\right)\hat{\lambda}_\alpha + u\left(\frac{1+\rho}{\hat{\lambda}_\beta}\left[\omega + \tau_t - q_t\frac{m_t}{M_t}\right]\right)\hat{\lambda}_\beta$$

を最大にするように貨幣保有量 m_t を選択するとみなすことができる．そのような貨幣保有量は，

$$\begin{aligned}0 &= V'(m_t) \\ &= \frac{1}{\hat{\lambda}_\alpha}\frac{q_{t+1}}{M_{t+1}}u'\left(\frac{1}{\hat{\lambda}_\alpha}q_{t+1}\frac{m_t}{M_{t+1}}\right)\hat{\lambda}_\alpha \\ &\quad - \frac{1+\rho}{\hat{\lambda}_\beta}\frac{q_t}{M_t}u'\left(\frac{1+\rho}{\hat{\lambda}_\beta}\left[\omega + \tau_t - q_t\frac{m_t}{M_t}\right]\right)\hat{\lambda}_\beta\end{aligned}$$

の解として特徴付けることができる．ここで，貨幣市場の需給均衡条件である $m_t = M_t$ を用いることで，貨幣的均衡における人口一人あたり実質貨幣残高は

$$0 = u'\left(\frac{1}{\hat{\lambda}_\alpha}\frac{q_{t+1}}{1+\mu}\right) - (1+\rho)(1+\mu)\frac{q_t}{q_{t+1}}u'\left(\frac{1+\rho}{\hat{\lambda}_\beta}\left[\omega - \frac{q_t}{1+\mu}\right]\right)$$

あるいは同じことであるが，

$$\frac{u'\left(\frac{1}{\hat{\lambda}_\alpha}\frac{q_{t+1}}{1+\mu}\right)}{u'\left(\frac{1+\rho}{\hat{\lambda}_\beta}\left[\omega - \frac{q_t}{1+\mu}\right]\right)} = (1+\rho)(1+\mu)\frac{q_t}{q_{t+1}}$$

の解として特徴付けることができる．これは，消費財ベースで記述すると，

$$\frac{u'\left(c_{t+1}^\alpha\right)}{u'\left(c_{t+1}^\beta\right)} = 1 + i_{t+1}$$

と書き直すことができ，状態間の限界代替率が（粗）名目利子率と等しくなることを要請するものである．

■貨幣的定常状態の存在と一意性

それでは，貨幣が実際に流通するような経済が存在するかを確認しよう．ここでは特に，貨幣的定常状態の存在を示す．仮に貨幣的定常状態が存在し，そこでの人口一人あたり実質貨幣残高を q_* と表すならば，それは

$$\frac{u'\left(\frac{1}{\hat{\lambda}_\alpha}\frac{q_*}{1+\mu}\right)}{u'\left(\frac{1+\rho}{\hat{\lambda}_\beta}\left[\omega-\frac{q_*}{1+\mu}\right]\right)} = (1+\rho)(1+\mu) \tag{3.6}$$

の解とならなければいけない．ここで，任意の $x \in (0, \omega)$ に対して，

$$f(x) = \frac{u'\left(\frac{1}{\hat{\lambda}_\alpha}x\right)}{u'\left(\frac{1+\rho}{\hat{\lambda}_\beta}[\omega-x]\right)}$$

と定義しよう．これは，u に課された狭義凹性と端点条件より，f は

$$\lim_{x \to 0} f(x) = \infty \quad \text{かつ} \quad \lim_{x \to \omega} f(x) = 0$$

を満たす単調減少かつ連続な関数である．ここで中間値の定理を用いることで，

$$f(x_*(\mu)) = (1+\rho)(1+\mu)$$

かつ $0 < x_*(\mu) < \omega$ が成立するような $x_*(\mu)$ が一意に存在することを確認できる．ここで $q_*(\mu) := (1+\mu)x_*(\mu)$ かつ $q_t := q_*(\mu)$ によって実質貨幣残高の流列 $\{q_t\}_{t=1}^{\infty}$ を定義すると，これは (3.6) を満たすので，貨

幣的定常状態における実質貨幣残高の唯一の流列であるといえる．このことから，貨幣的均衡の存在と一意性が確認できた．以上の内容をまとめることで，次の命題を得る．

命題 3.2 貨幣的定常状態が存在し，それは一意である．

3.4 最適な金融政策

■貨幣成長率と均衡実質残高

前節では，貨幣的均衡を定義し，貨幣的定常状態の存在と一意性を確認した．しかし，その証明を注意深く観察すると，貨幣残高の成長率 μ に依存して，貨幣的定常状態の構成内容も変化することがわかる．このことを確認しよう．そのために (3.6) 式を思い出して頂きたい．この式は，貨幣的定常状態では

$$f(x_*(\mu)) = \frac{u'\left(\dfrac{1}{\hat{\lambda}_\alpha}\dfrac{q_*(\mu)}{1+\mu}\right)}{u'\left(\dfrac{1+\rho}{\hat{\lambda}_\beta}\left[\omega - \dfrac{q_*(\mu)}{1+\mu}\right]\right)} = (1+\rho)(1+\mu)$$

と書くことができる．ここで貨幣成長率 μ が増加したとしよう．すると，貨幣的定常状態における名目利子率を表す $(1+\rho)(1+\mu)$ の水準が増加することになる．そのため，貨幣成長率増加後も貨幣的定常状態が実現するためには，f が減少関数なので，左辺の $x_*(\mu)$ が減少しなければいけない．すなわち，

$$x'_*(\mu) < 0$$

が成立する．容易に確認できるが，そのような $x_*(\mu)$ の減少は，均衡における若年期の消費を増加させ，老年期の消費を減少させる効果を持つ．

■中央銀行の目標と貨幣の最適成長率

　貨幣成長率の変化は均衡の構成内容に影響を与えることを確認した．するとここで，社会的に望ましい貨幣成長率 μ の水準はいくらか，という問題を見いだすことができる．以下では，そのような社会的に望ましい貨幣成長率の水準について検討する．現在考えている経済では，第 0 世代を除き，すべての個人が同質であるため，貨幣的定常状態における厚生は，

$$W(\mu) = u\left(\frac{1}{\hat{\lambda}_\alpha} x_*(\mu)\right) \hat{\lambda}_\alpha + u\left(\frac{1+\rho}{\hat{\lambda}_\beta}[\omega - x_*(\mu)]\right) \hat{\lambda}_\beta$$

と表現することができる．中央銀行が実際にどのように貨幣成長率を決めているか，という問題はあるものの，本章では中央銀行はこの W を最大にするように貨幣成長率を決めると考えることにする．それでは，そのような貨幣成長率はどのような水準になるだろうか．W の微分係数を求めることで，この問題の答えを検討しよう．W の貨幣成長率が $\mu > -1$ のときの微分係数 $W'(\mu)$ は，

$$W'(\mu) = x'_*(\mu) \left[u'\left(\frac{1}{\hat{\lambda}_\alpha} x_*(\mu)\right) - (1+\rho)u'\left(\frac{1+\rho}{\hat{\lambda}_\beta}[\omega - x_*(\mu)]\right) \right]$$

$$= x'_*(\mu) \frac{\mu}{1+\mu} u'\left(\frac{1}{\hat{\lambda}_\alpha} x_*(\mu)\right) \begin{Bmatrix} > \\ = \\ < \end{Bmatrix} 0 \quad \text{if} \quad \mu \begin{Bmatrix} < \\ = \\ > \end{Bmatrix} 0$$

と計算できるが，これは貨幣的定常状態での厚生 W が $\mu = 0$ のとき最大化されることを意味している．すなわち，本章で考えた地理的分断を伴う重複世代モデルでは，貨幣量を一定にすることが最適な金融政策である，ということになる．この結果は前章のものと同じようにみえるが，名目利子率の水準における違いに注意が必要である．このモ

デルにおける名目利子率は,

$$i_{t+1} = (1+\rho)(1+\mu)\frac{q_t}{q_{t+1}} - 1$$

によって計算できたので,貨幣的定常状態における名目利子率をi_*と表すことにすると,それは

$$i_* = (1+\rho)(1+0)\frac{q_*(0)}{q_*(0)} - 1 = \rho$$

と計算できる.すなわち,最適な貨幣成長率の下では,名目利子率はゼロではなく正の値をとらなければいけないのである.以上をまとめることで,次の命題を得る.

命題 3.3 貨幣的定常状態における厚生を最大にするような貨幣成長率が一意に存在し,その下での名目利子率は$\rho > 0$になる.

3.5 おわりに

本章では,実証研究との整合性を踏まえ,フリードマン・ルールが非最適となる経済環境について検討した.特に,Champ, Smith, and Williamson [10] や Smith [49], Haslag and Martin [27] らによって展開された「地理的分断を伴う重複世代モデル」においてフリードマン・ルールは非最適となり,むしろ正の名目利子率を実現するような金融政策が最適となることが示された.これにより,Walsh [51] など既存の実証研究と整合的な理論的帰結を得ることができた.なお,上記の先行研究の多くは,効用関数を相対的危険回避度が一定かつ1以下であるようなクラスに限定して分析を行っていた.それに対して本章ではより一般的な効用関数を用いており,この意味においてより一般性のある結果を導いたと考えられる.

第4章 不確実性とフリードマン・ルールの最適性

　前章では，フリードマン・ルール（名目利子率をゼロに誘導するような金融政策）は各国中央銀行に採用されていないという実証研究を受け，それが非最適な（他に最適なものがある）政策となるような経済環境の一つとして「地理的分断を伴う重複世代モデル」を概観した．そこで得られた結論は，フリードマン・ルールは確かに非最適であり，名目利子率を実質利子率と一致させるような金融政策が社会的厚生を最大化するものとして望ましいというものだった．このような結果は，確かに理論と既存の実証研究の溝を埋めるものではあったが，なお問題が残るものである．たとえば，2008年のリーマン・ショック後，いくつかの先進国では（実質的な）ゼロ金利政策が採用された．残念ながら，前章で確認された結果はこのような実際の政策とは整合的でない．

　そもそもリーマン・ショックの発端は前年2007年のサブプライムローン問題の顕在化にある．そこでは，**流動性不足** (liquidity shortage)，すなわち流動性（換金性）の高い資産が不足したり，従来は流動性が高かった資産の流動性が損なわれたりすることによって，債務の返済が滞るという現象が観察された．このような流動性不足は信用収縮を引き起こし，それがリーマン・ショック，延いては世界的金融危機につながったと考えられている．前章のモデルでは実は，このような流動性不足が発生する可能性を内包する経済が叙述されていた．[9] そのため，2008年以降の金融政策を議論する際に，前章のモデルは出発点として採用するに値するものではあるが，何かしらの修正を必要とする．

---

[9] 詳しくはSmith [49] を参照されたい．

前章のモデルを振り返ってみると，そこでは各個人が資産を現金化する必要に迫られる**流動性イベント** (liquidity event) に急に直面するかどうかは，単一の確率測度によって表現されるとしていた．しかし，世界的金融危機のような流動性イベントを考えてみると，その発生は必ずしも単一の確率測度によって表現できるとは考えにくい．ここで，Knight [30] や Keynes [28] による，「危険」と「不確実性」の区別が意味を持つようになる．特に Knight の用語に従うならば，危険 (risk) とは人々の将来への期待を単一の確率測度によって表現できる状況を表し，不確実性 (uncertainty) とはそのような表現が不可能な状況を表す．流動性イベントに直面するか否かは，おそらく危険よりも不確実性によって表現される方が自然であると考えられるだろう．

　このような危険と不確実性の区別の重要性は，古くは Ellsberg [16] による思考実験によっても指摘されていたが，1980 年代に入り Schmeidler [45, 46] や Gilboa and Schmeidler [25] によってその分析道具が準備されるに至った．彼らの研究では，人々は将来を「単一の確率測度」ではなく「確率測度の集合」によって評価していて，あたかも確率測度の集合上で計算された期待効用の最小値を最大化するように行動すると考えられることが示された．彼らが示した意思決定モデルは現在，マキシミン期待効用 (maxmin expected utility, MEU) モデルと呼ばれている．なお，将来を「単一の確率測度」で評価する状況を特別な場合として内包するのだが，将来を「確率測度の集合」で評価するような状況は（確率評価に）**曖昧さ** (ambiguity) が存在すると言われる．[10] Ohtaki [38] では，前章のモデルと異なり，人々が MEU モデルに従って意思決定

---

　[10]より正確には，Schmeidler [45, 46] や Gilboa and Schmeidler [25] は，Anscombe and Aumann [3] の枠組みにおける MEU 選好を公理化した．Savage [44] の枠組みにおいては，Casadesus-Masanell, Klibanoff, and Ozdenoren [8] や Alon and Schmeidler [1] が MEU 選好の公理化を行っている．なお，MEU 選好を含む曖昧さの下での意思決定方法の公理化は現在盛んに研究されている．Etner, Jeleva, and Tallon [20] は，これらの研究を展望している．

をする場合の最適な金融政策を検討しているが，本章ではその内容を参考に前章のモデルに MEU を導入し，最適な金融政策の性質を検討する．

本章の構成は次の通りである．第 4.1 節では経済モデルの基本的構造を提示し，第 4.2 節で貨幣的均衡を定義する．そして第 4.3 節において貨幣的定常状態の存在を示し，第 4.4 節において最適な金融政策の特徴付けを行う．第 4.5 節では効用関数を相対的危険回避度一定のものに特定化し，簡単な数値例を示す．

4.1 経済の基本的構造

本節では，Ohtaki [38] を参考に，前章で検討した地理的分断を伴う重複世代モデルに MEU を導入する．ここで提示される基本的な構造と次節で定義される貨幣的均衡は前章の内容と重複する箇所が多いが，念のため省略せずに記載することにする．

■時間と空間の構造

時間は，初期時点を持ち，無限の将来まで続く離散的な期間によって表現されるとする．以下では特に，初期時点を 1 とし，代表的な期を**第 t 期**と表すことにする．また，この t がとりうる値は 1 以上の整数とする．したがって，ここで考える経済は第 1 期から始まり，第 2 期，第 3 期，…という形で無限の将来まで続くものとする．また，この経済には二つの島があり，それらの島の間ではいかなる交流も行われないものとする．

■消費財と貯蔵技術

この経済に存在する消費可能な商品・サービスはただ 1 種類のみとし，それを**消費財** (consumption good) と呼ぶことにする．この消費財

は，後から定めるように，各期一定量が先天的に存在し，その期に存在する各個人によって保有されているとする．また，この経済には**貯蔵技術** (storage technology) が存在し，各期において消費されなかった消費財を次期に持ち越すことができるとする．この貯蔵技術の純収益率は ρ（ただし，$\rho > 0$）であり，ある期に k 単位の消費財を貯蔵することで，その次の期に $(1+\rho)k$ 単位だけの消費財を利用できるものとする．ただし，いかなる技術を用いても，一つの島から他の島へと財を移転することはできないものとする．

■人口の構造

続いて人口の構造を定める．この経済には二つの島があるが，それぞれの島で各期初に，二期間だけ生存する個人が誕生することにする．ある島で誕生した個人たちは 0 から 1 までの**連続体** (continuum) で表され，その人口の**測度** (measure) は 1 であるとする．そして，第 t 期に誕生する個人を総称して**第 t 世代**と呼ぶことにする．また，第 1 期にのみ限り，一期間だけ生存する測度 1 の個人の連続体から構成される**第 0 世代**が存在するとする．以下，個人の誕生期を**若年期**，その次の期を**老年期**と呼ぶことにする．また，第 t 期には第 $t-1$ 世代と第 t 世代の二つが存在することになるが，前者を第 t 期の**老年世代**，後者を第 t 期の**若年世代**などと呼ぶことにする．

■初期保有と選好の構造

最後に各個人の初期保有と選好の特徴を定めることにする．後ほど経済の定常性を検討するために，ここでは第 1 期以降に誕生する二期間生存する各個人は初期保有と選好の構造について**事前の意味で同質** (ex-ante homogeneous) である，すなわち取引を行う直前までは上記のどの個人も同様の性質を有すると考えることにする．また議論の単純化のために，各個人は老年期の消費のみに興味があるとする．

第4章 不確実性とフリードマン・ルールの最適性

初期保有の構造

まず，議論の簡潔化のため，本章では，各個人は若年期においてのみ財を一定量保有しているとする．より正確には，各個人 t は第 t 財を ω 単位だけ保有していて，そのほかの財は先天的には一切保有しないことにする．このとき，各個人は次のような問題に直面する．すなわち，各個人は若年期と老年期それぞれにおいて消費したいと考えているにもかかわらず初期保有は若年期のみしかないため，その一部を老年期に持ち越さなければいけないのである．財を時期を越えて持ち越す方法については次節以降で検討する．

タイプの学習

各個人の選好については次のような設定を行うことにする．まず，各個人は事前の意味では同質だが，若年期の終了間際に自身の**タイプ** (type) を学習することにする．具体的には，その期の若年世代のうち $\hat{\lambda}_\alpha$ の割合の個人がタイプ α に，残りの $\hat{\lambda}_\beta$ の割合の個人がタイプ β になるとする．ただし，$\hat{\lambda} = (\hat{\lambda}_\alpha, \hat{\lambda}_\beta)$ は $\hat{\lambda}_s > 0 (s = \alpha, \beta)$ かつ $\hat{\lambda}_\alpha + \hat{\lambda}_\beta = 1$ を満たすものとする．前章と同様に，タイプ α の個人は若年期の終了後に自身が生まれた島からもう一つの別の島に移動する一方で，タイプ β の個人は自身が生まれた島でそのまま老年期を過ごすことにする．このようなタイプの設定は，富の貯蔵に加えて，各個人にもう一つの問題を突きつける．すなわち，タイプ α になり島を移動しなければいけないとき，この経済には財そのものを移転する手段がないのである．前章で確認したように，このような地理的な分断に伴う問題は貨幣を用いることで克服できる．

条件付き消費計画

タイプは若年期の終了間際で判明するため，若年期の期初ではどの個人にとっても自身のタイプは不明である．そのため，各個人が若年期の段階で計画する生涯を通じた消費計画はタイプ $s \in \{\alpha, \beta\}$ によって

条件付けられたものとなる．より正確には，第 t 期に誕生する個人の老年期においてタイプが s であるときの消費量を c_{t+1}^s と表すことにし，$(c_{t+1}^\alpha, c_{t+1}^\beta) \in \mathbb{R}_+^2$ によって**条件付き消費計画** (contingent consumption plan) を表すことにする．

選好の構造

各個人の条件付き消費計画 $(c_{t+1}^\alpha, c_{t+1}^\beta)$ 上の選好関係は MEU 選好によって表現されるものとする．すなわち，vNM 効用関数 $u : \mathbb{R}_+ \to \mathbb{R}$ と $\Delta_{\{\alpha,\beta\}} \cap \mathbb{R}_{++}^{\{\alpha,\beta\}}$ の凸かつコンパクトな部分集合 Λ が存在して，

$$U(c_{t+1}^\alpha, c_{t+1}^\beta) := \min_{\lambda \in \Lambda} \left[u(c_{t+1}^\alpha)\lambda_\alpha + u(c_{t+1}^\beta)\lambda_\beta \right]$$

によって定義される効用関数によって，条件付き消費計画を順位づけるものとする．ここで，$\Delta_{\{\alpha,\beta\}}$ は $\{\alpha, \beta\}$ 上の確率測度全体の集合を表し，u は狭義単調増加，狭義凹かつ定義域の内部において二階連続微分可能であり，Λ は $\hat{\lambda}$ をその元として有するものとする．さらに，$\lim_{c \downarrow 0} u'(c) = 0$ が成立すると仮定する．

なお，Λ は $\mathbb{R}$ は $\Delta_{\{\alpha,\beta\}} \cap \mathbb{R}_{++}^{\{\alpha,\beta\}}$ の凸かつコンパクトな部分集合だったので，$\Delta_{\{\alpha,\beta\}} \cap \mathbb{R}_{++}^{\{\alpha,\beta\}}$ の二つの元 $\underline{\lambda} = (\underline{\lambda}_\alpha, \underline{\lambda}_\beta)$ と $\overline{\lambda} = (\overline{\lambda}_\alpha, \overline{\lambda}_\beta)$ が存在して，

$$\Lambda = \{\lambda | \underline{\lambda}_\alpha \leq \lambda_\alpha \leq \overline{\lambda}_\alpha\}$$

と表記できることに注意されたい．また，任意の消費計画 $c = (c^\alpha, c^\beta)$ に対して，

$$\check{\Lambda}(c) := \arg\min_{\lambda \in \Lambda} \left[u(c_{t+1}^\alpha)\lambda_\alpha + u(c_{t+1}^\beta)\lambda_\beta \right]$$

と定義する．これは消費計画を所与とするとき，期待効用を最小にする確率測度の集合を表す．容易に確認できるが，$c^\alpha = c^\beta$ であるとき，

$\check{\Lambda}(c) = \Lambda$ が成立する.

注意 ここまでに述べた経済の基本的構造は,前章で扱ったものとほぼ同じである.しかし,人々の信念に関する扱いに大きな変更点がある.前章では人々の信念は真の確率測度である $\hat{\lambda}$ と一致することが求められていた.他方,本章では人々は真の確率測度である $\hat{\lambda}$ を自身の信念としては必ずしも採用せず,確率測度の集合によって信念を形成するとしている.このような信念は,たとえば**限定合理性** (bounded ratinality) として解釈することが可能であると考えられるが,ここが前章のモデルから大きく変更される点である.

4.2 貨幣的均衡の定義

ここでは,貨幣的均衡を定義しよう.その定義は前章と同様であり,前章との設定上の大きな違いは前節で導入した MEU 選好のみであることをご確認頂きたい.

4.2.1 金融仲介機関と貨幣の導入

本節では貨幣が流通する貨幣的均衡を定義する.そのためにまず,幾つかの組織と貨幣を導入する.各島では毎期,新しい個人が誕生するが,それらの個人が共同して金融仲介機関(ここでは銀行と呼ぶことにする)をつくることにする.後から確認するように,これらの銀行は各個人の流動性リスクを緩和する働きを持つことになる.この経済ではまた,中央銀行が存在することにしよう.中央銀行は毎期貨幣を新規発行するものとし,各島での第 $t-1$ 期における**人口一人あたり貨幣残高** (per capita money stock) を $M_{t-1} > 0$ で表すことにする.ただし,M_0 は第 1 期が始まる時点での貨幣残高であり,第 0 世代の個人に保有

されているものとする．この人口一人あたり貨幣残高の推移は

$$M_t = (1+\mu)M_{t-1}$$

という式に従うものとする．ここで，$\mu > -1$ は貨幣残高の成長率を表し，時間を通じて一定であり，中央銀行によって選択されるものとする．すると，各 t 期において，

$$\Delta_t := M_t - M_{t-1} = \frac{\mu}{1+\mu} M_t$$

だけの貨幣が新規発行されることになる．この新規発行された貨幣は，その期の若年世代に等しく配分されるものとする．

4.2.2 取引のタイミング

取引のタイミングは次の通りである．各 t 期初に若年世代に属する個人は銀行と預金契約を交わす．そして銀行は，その期の現物市場に参加し，預金の一部を貨幣に，残りを貯蔵技術に投資する．第 t 期の終わりに若年世代の各個人は自身のタイプを学習し，タイプ α の個人は銀行から預金を引き出して他の島に移動する．次の第 $t+1$ 期では，銀行は清算され，残っている資産はすべてタイプ β の老人が等しく受け取ることになる．最後に，財の価格を P_t，人口一人あたり実質貨幣残高を $q_t = M_t/P_t$ によって表し，それらの決定を同一視することにする．また，

$$\pi_{t+1} = \frac{P_{t+1} - P_t}{P_t}$$

によって物価成長率を，

$$i_{t+1} := (1+\rho)\frac{P_{t+1}}{P_t} - 1 = (1+\rho)(1+\mu)\frac{q_t}{q_{t+1}} - 1$$

によって名目利子率を定義する．

4.2.3 個人と銀行の契約

それでは，第 t 期に設立された銀行の行動を考えてみよう．本章の残りでは，各 t 期の銀行はその預金者を，その期の中に預金を引き出しに来るかどうかで区別するものとする．このとき，銀行はその預金者に「契約」を提示するものとする．ここで**契約** (contract) とは，

- 世代 t に属する個人の預金 d_t，
- 条件付き消費計画 $c_t = (c_{t+1}^{\alpha}, c_{t+1}^{\beta})$，
- 貯蔵技術と貨幣への投資量 (k_{t+1}, m_t)

の一覧

$$(d_t, c_t, (k_{t+1}, m_t))$$

であるとする．銀行が個人に提示する預金の「最適性」を考えるため，銀行の行動を考えることにする．

■銀行の行動

第 t 期に設立された銀行は四つの制約に直面する．最初は預金に関する制約である．個人が若年期に保有する所得は $\omega + \tau_t$, であるから，個人が選択可能な預金 d_t は

$$d_t \leq \omega + \tau_t \tag{4.1}$$

を満たさなければいけない．ただし，$\tau_t := \Delta_t / P_t = [\mu/(1+\mu)]q_t$ である．

二つ目の制約は銀行のポートフォリオに関する制約である．銀行は預金の範囲内で貯蔵技術と貨幣に投資しなければいけないので，

$$k_{t+1} + \frac{m_t}{P_t} \leq d_t \tag{4.2}$$

が成立しなければいけない．ここで，$k_{t+1} \in \mathbb{R}_+$ と $m_t/P_t \in \mathbb{R}_+$ はそれぞれ貯蔵技術と貨幣への財の投資量を表す．

三つ目の制約は，老年期の消費に関するものである．銀行は個人の老年期の消費についても計画できるが，それらは貯蔵技術や貨幣の収益によって実現できるものでなければいけない．このことは次の

$$c_{t+1}^{\alpha}\hat{\lambda}_{\alpha} + c_{t+1}^{\beta}\hat{\lambda}_{\beta} \leq (1+\rho)k_{t+1} + \frac{m_t}{P_{t+1}} \tag{4.3}$$

という制約式でとらえることができる．この不等式はまた，

$$(1+\rho)k_{t+1} + \frac{m_t}{P_{t+1}} - \left[c_{t+1}^{\alpha}\hat{\lambda}_{\alpha} + c_{t+1}^{\beta}\hat{\lambda}_{\beta}\right] \geq 0$$

と書き直すことができるので，前章と同様に銀行にとっての個人合理性制約を表しているとも解釈できる．

最後の制約は，**流動性制約**である．タイプ α の個人は，老年期において島を移動してしまうため，彼らが預金した銀行と連絡が一切とれなくなるので預金を引き出すことが不可能になる．そのため，彼らは島を移動する前に預金を引き出すことになる．翻すと，銀行は必ず預金の引き出しに備えて十分な貨幣を保有する必要があるということになる．このことは

$$c_{t+1}^{\alpha}\hat{\lambda}_{\alpha} \leq \frac{m_t}{P_{t+1}} \tag{4.4}$$

という制約式で表現することができる．

■契約の最適性

ここまで銀行が考慮すべき制約を確認したが，以下では (4.1) から (4.4) を制約とし，社会的厚生 $U(c_t)$ を最大にするような契約 $(d_t, c_t, (k_{t+1}, m_t))$ を**最適** (optimal) であるということにする．

4.2.4　貨幣的均衡

それでは貨幣が流通する均衡を定義しよう．

定義 4.1 人口一人あたり実質貨幣残高 $q_t \in]0,(1+\mu)\omega]$，条件付き消費計画 $c_t = (c_{t+1}^\alpha, c_{t+1}^\beta)$，と貯蔵技術への投資 $k_{t+1} \in [0,\omega]$ の一覧 $\{q_t, c_t, k_{t+1}\}_{t=1}^\infty$ が**貨幣的均衡** (monetary equilibrium) であるとは，預金と貨幣保有量の流列 $\{d_t\}_{t=1}^\infty$ and $\{m_t\}_{t=1}^\infty$ が存在して，すべての期 t において

ME1:

$(d_t, c_t, (k_{t+1}, m_t))$ は最適であり，それは $U(c_t)$ を (4.1)–(4.4) を制約として最大化していて，

ME2:

貨幣市場が均衡している，すなわち $m_t = M_t$

が成立することをいう．また，ある $(q, c, k) \in \mathbb{R}_{++} \times \mathbb{R}_+^2 \times \mathbb{R}_+$ が存在し，すべての t について $(q_t, c_t, k_{t+1}) = (q, c, k)$ が成立するような貨幣均衡を**貨幣的定常状態** (monetary steady state) と呼ぶことにする．

4.3 貨幣的均衡の存在

■名目利子率の非負性

前章と同様に，貨幣的均衡においては，名目利子率がマイナスの値を取り得ないことを確認しよう．まずは，名目利子率は $1 + i_{t+1} = (1+\rho) P_{t+1}/P_t$ によって定義されていたことを思い出そう．ここで，$1 + \rho > 0$ かつ $P_{t+1}/P_t > 0$ が成立することより，$i_{t+1} > -1$ が成立する．

名目利子率がとりうる値の範囲は，さらに絞り込むことができる．実際，(4.1)–(4.3) 式を整理することで，銀行の通時的予算制約式として

$$\frac{c_{t+1}^\alpha \hat{\lambda}_\alpha + c_{t+1}^\beta \hat{\lambda}_\beta}{1+\rho} \leq \omega + \tau_t - \frac{i_{t+1}}{1+i_{t+1}} \frac{m_t}{P_t} \tag{4.5}$$

を得る.この不等式の右辺最後の項である $i_{t+1}/(1+i_{t+1})$ は貨幣保有の費用を表していると解釈できる.ここで,ある期の名目利子率が負の値をとったとしよう.すなわち,$-1 < i_{t+1} < 0$ がある t 期に成立したとする.このとき,第 t 期に設立された銀行は貨幣保有量を限りなく増やすことになるが,それは貨幣市場において需給均衡条件 $m_t = M_t$ が成立することに矛盾する.したがって,いかなる貨幣的均衡であれ,$i_{t+1} \geq 0$ が必ず成立しなければいけない.ここまでの議論をまとめることで,次の命題を得る.

命題 4.1 いかなる貨幣的均衡においても名目利子率は必ず非負になる.

この命題は,名目利子率が負の値をとるような貨幣的均衡は存在しないと言い換えることもできる.このことは,マイナスの利子率を無理矢理に実現したとしても,安定的な市場取引を実現することはないことを意味している.この結果は第 1 章から常に成立しており,貨幣経済のかなり本質的な性質だと考えることができる.

■流動性制約の役割

前章と同様に,流動性制約 (4.4) によって名目利子率が正となることが許容され得る.この点を確認しよう.もしも名目利子率が正の場合,銀行は可能な限り貨幣の保有量を減らしたいと考えるであろう.ここで,銀行が実際に貨幣保有量をゼロにすることを妨げるという重要な役割を流動性制約が果たすことになる.事実,本章の設定では各個人は老年期に消費することを選好するが,タイプ α の個人の消費を賄うために銀行は必ず貨幣を少なからず保有する必要がある.このような流動性制約の役割はまた,貨幣的均衡の存在を保証する働きもあることを確認できる.

■貨幣的均衡の特徴付け (1)

効用関数 u の単調増加性より,最適契約は制約式 (4.1)–(4.3) を等号

で満たすことが確認できる．さらに，名目利子率が正の値をとる場合，流動性制約 (4.4) も等号で成立することになる．その結果，最適契約においては

$$c_{t+1}^{\alpha} = \frac{1}{\lambda_{\alpha}} \frac{m_t}{P_{t+1}} = \frac{1}{\lambda_{\alpha}} q_{t+1} \frac{m_t}{M_{t+1}}, \tag{4.6}$$

$$c_{t+1}^{\beta} = \frac{1+\rho}{\lambda_{\beta}} \left[\omega + \tau_t - \frac{m_t}{P_t}\right] = \frac{1+\rho}{\lambda_{\beta}} \left[\omega + \tau_t - q_t \frac{m_t}{M_t}\right], \tag{4.7}$$

$$k_{t+1} = \omega + \tau_t - q_t \frac{m_t}{M_t} \tag{4.8}$$

が成立しなければいけない．したがって，第 t 期に設立された銀行は

$$V(m_t) = \min_{\lambda \in \Lambda} \left[u\left(\frac{1}{\lambda_{\alpha}} q_{t+1} \frac{m_t}{M_{t+1}}\right) \lambda_{\alpha} + u\left(\frac{1+\rho}{\lambda_{\beta}} \left[\omega + \tau_t - q_t \frac{m_t}{M_t}\right]\right) \lambda_{\beta} \right]$$

を最大にするように貨幣保有量 m_t を選択するとみなすことができる．ここで，u の凹性から V_t もまた凹であるが，V_t は必ずしも微分可能であるとは限らない．このことを確認するために，

$$V_t^-(m_t) = \lim_{h \uparrow 0, h \neq 0} \frac{V_t(m_t+h) - V_t(m_t)}{h},$$

$$V_t^+(m_t) = \lim_{h \downarrow 0, h \neq 0} \frac{V_t(m_t+h) - V_t(m_t)}{h}$$

と定義しよう．ここで，V_t^- と V_t^+ はそれぞれ V_t の左側導関数と右側導関数を表す．次の命題はこれらの片側導関数を具体的に示すものである．[11]

命題 4.2

$$V_t^-(m_t) = \max_{\lambda \in \hat{\Lambda}(c_t)} \frac{1}{M_t} \left[\frac{q_{t+1}}{1+\mu} u'\left(\frac{1}{\hat{\lambda}_{\alpha}} \frac{q_{t+1}}{1+\mu} \frac{m_t}{M_t}\right) \frac{\lambda_{\alpha}}{\hat{\lambda}_{\alpha}}\right.$$

---

[11] 計算は難しくないものの，いささか単調かつ長くなるため，ここでは証明を省略する．興味ある読者は [38] などを参照されたい．

$$-(1+\rho)q_t u'\left(\frac{1+\rho}{\hat{\lambda}_\beta}\left[\omega+\frac{\mu}{1+\mu}q_t-q_t\frac{m_t}{M_t}\right]\right)\frac{\lambda_\beta}{\hat{\lambda}_\beta}\right]$$

$$V_t^+(m_t) = \min_{\lambda \in \check{\Lambda}(c_t)} \frac{1}{M_t}\left[\frac{q_{t+1}}{1+\mu}u'\left(\frac{1}{\hat{\lambda}_\alpha}\frac{q_{t+1}}{1+\mu}\frac{m_t}{M_t}\right)\frac{\lambda_\alpha}{\hat{\lambda}_\alpha}\right.$$

$$\left.-(1+\rho)q_t u'\left(\frac{1+\rho}{\hat{\lambda}_\beta}\left[\omega+\frac{\mu}{1+\mu}q_t-q_t\frac{m_t}{M_t}\right]\right)\frac{\lambda_\beta}{\hat{\lambda}_\beta}\right].$$

ただし，$c_t = (c_{t+1}^\alpha, c_{t+1}^\beta)$ は m_t を所与として (4.6) と (4.7) により決まるものとする．

V_t が微分可能となるのは，$V_t^-(m_t) = V_t^+(m_t)$ が成立するときである．例えば，Λ が一点集合であれば，$V_t^-(m_t) = V_t^+(m_t)$ が成立し，V_t が微分可能となる．そのほかにも V_t が微分可能となる状況は存在する．いま，m_t が

$$c_{t+1}^\beta = \frac{1+\rho}{\hat{\lambda}_\beta}\left[\omega+\frac{\mu}{1+\mu}q_t-q_t\frac{m_t}{M_t}\right] \neq \frac{1}{\hat{\lambda}_\alpha}\frac{q_{t+1}}{1+\mu}\frac{m_t}{M_t} = c_{t+1}^\alpha$$

を満たすとしよう．すると，$\check{\Lambda}(c_t)$ が一点集合になるので，$V_t^-(m_t) = V_t^+(m_t)$ が成立し，V_t が微分可能となる．実際，$c_{t+1}^\alpha > c_{t+1}^\beta$ のとき $\check{\Lambda}(c_t) = \{\underline{\lambda}\}$ が，$c_{t+1}^\alpha < c_{t+1}^\beta$ のとき $\check{\Lambda}(c_t) = \{\overline{\lambda}\}$ が成立することを確認できる．したがって，そのような m_t において V_t は微分可能になる．しかし，上記の命題をもとに V_t の微分不可能性を論じることもできる．そのために，

$$c_{t+1}^\beta = \frac{1+\rho}{\hat{\lambda}_\beta}\left[\omega+\frac{\mu}{1+\mu}q_t-q_t\frac{m_t}{M_t}\right] = \frac{1}{\hat{\lambda}_\alpha}\frac{q_{t+1}}{1+\mu}\frac{m_t}{M_t} = c_{t+1}^\alpha$$

が成立するような m_t を任意に選んで固定しよう．そのような m_t においては $\check{\Lambda}(c_t) = \Lambda$ が成立する．すると，$\underline{\lambda}_\alpha < \overline{\lambda}_\alpha$ が成立するという条件付きではあるが，上記の命題より

$$V_t^-(m_t)$$

$$= \frac{q_{t+1}}{1+\mu} u' \left(\frac{1}{\hat{\lambda}_\alpha} \frac{q_{t+1}}{1+\mu} \frac{m_t}{M_t} \right) \frac{\overline{\lambda}_\alpha}{\hat{\lambda}_\alpha}$$

$$-(1+\rho)q_t u' \left(\frac{1+\rho}{\hat{\lambda}_\beta} \left[\omega + \frac{\mu}{1+\mu} q_t - q_t \frac{m_t}{M_t} \right] \right) \frac{\overline{\lambda}_\beta}{\hat{\lambda}_\beta}$$

$$> \frac{q_{t+1}}{1+\mu} u' \left(\frac{1}{\hat{\lambda}_\alpha} \frac{q_{t+1}}{1+\mu} \frac{m_t}{M_t} \right) \frac{\underline{\lambda}_\alpha}{\hat{\lambda}_\alpha}$$

$$-(1+\rho)q_t u' \left(\frac{1+\rho}{\hat{\lambda}_\beta} \left[\omega + \frac{\mu}{1+\mu} q_t - q_t \frac{m_t}{M_t} \right] \right) \frac{\underline{\lambda}_\beta}{\hat{\lambda}_\beta}$$

$$= V_t^+(m_t)$$

が成立する．このことは V_t が $c_{t+1}^\alpha = c_{t+1}^\beta$ となるような m_t において微分不可能になることを意味する．このような微分不可能性は確率評価の曖昧さに由来するものであり，この特徴を用いた研究が経済学やファイナンスなど幅広い分野で存在している．[12]

■貨幣的均衡の特徴付け (2)

銀行の目的関数となる V_t の微分不可能性を確認したが，V_t は凹であるため，その片側導関数を用いた解の特徴付けは可能である．より正確には，V_t を最大にする m_t は

$$V_t^-(m_t) \geq 0 \geq V_t^+(m_t) \tag{4.9}$$

の解によって特徴付けることができる．これを貨幣市場の需給均衡条件である $m_t = M_t$ と組み合わせることで，貨幣的均衡における人口一人あたり実質貨幣残高を特徴付ける次の命題を得ることができる．

---

[12] たとえば，Dow and Werlang [15], Epstein and Wang [18, 19], Chateauneuf et.al. [12], Dana [13], Fukuda [22], Mandler [34], Ohtaki and Ozaki [40, 41] などを参照されたい．MEU 選好を含む，曖昧さの下での意思決定モデルは，近年様々な既存経済モデルに導入され，その経済学的含意が検討されている．Epstein and Schneider [17] や Gilboa and Marinacci [24], Guidolin and Rinaldi [26] はそのような曖昧さの下での意思決定モデルを経済学に応用した研究を展望している．

命題 4.3 貨幣的均衡 $\{q_t, c_t, k_{t+1}\}_{t=-\infty}^{\infty}$ は

$$\min_{\lambda \in \check{\Lambda}(c_t)} \frac{u'(c_{t+1}^\alpha)\lambda_\alpha}{u'(c_{t+1}^\beta)\lambda_\beta} \leq (1+\rho)(1+\mu)\frac{q_t}{q_{t+1}}\frac{\hat{\lambda}_\alpha}{\hat{\lambda}_\beta} \leq \max_{\lambda \in \check{\Lambda}(c_t)} \frac{u'(c_{t+1}^\alpha)\lambda_\alpha}{u'(c_{t+1}^\beta)\lambda_\beta} \quad (4.10)$$

によって特徴付けることができる．ただし，$c_t = (c_{t+1}^\alpha, c_{t+1}^\beta)$ と k_{t+1} は $m_t = M_t$ を所与として (4.6)–(4.8) によって定められるものとする．

この命題は，貨幣的均衡におけるリスク分担条件として解釈することが可能である．このことを確認するために，通じ的予算制約式 (4.5) と流動性制約 (4.4) を組み合わせてみよう．このとき，

$$\frac{c_{t+1}^\alpha \hat{\lambda}_\alpha + c_{t+1}^\beta \hat{\lambda}_\beta}{1+\rho}$$
$$\leq \omega + \tau_t - \frac{i_{t+1}}{1+i_{t+1}}\frac{m_t}{P_t}$$
$$\leq \omega + \tau_t - \frac{i_{t+1}}{1+i_{t+1}}(1+\pi_{t+1})c_t^\alpha \hat{\lambda}_\alpha,$$

すなわち

$$\frac{(1+i_{t+1})c_{t+1}^\alpha \hat{\lambda}_\alpha + c_{t+1}^\beta \hat{\lambda}_\beta}{1+\rho} \leq \omega + \tau_t \quad (4.11)$$

が成立する．したがって，均衡における c^α と c^β の間の相対価格は $(1+i_{t+1})\hat{\lambda}_\alpha/\hat{\lambda}_\beta$ となる．他方，c_{t+1}^α と c_{t+1}^β の間の限界代替率は，もしも $c_{t+1}^\alpha \neq c_{t+1}^\beta$ であれば

第 4 章 不確実性とフリードマン・ルールの最適性

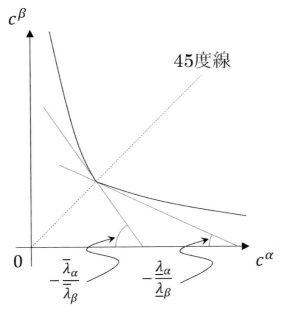

図 4.1 c^α–c^β 平面上の無差別曲線の例

$$MRS_{\alpha\beta}(c_t) := \frac{U_1(c_t)}{U_2(c_t)}$$

$$= \begin{cases} \dfrac{u'(c_{t+1}^\alpha)\underline{\lambda}_\alpha}{u'(c_{t+1}^\beta)\underline{\lambda}_\beta} & \text{if } c_{t+1}^\alpha > c_{t+1}^\beta, \\ \dfrac{u'(c_{t+1}^\alpha)\overline{\lambda}_\alpha}{u'(c_{t+1}^\beta)\overline{\lambda}_\beta} & \text{if } c_{t+1}^\alpha < c_{t+1}^\beta \end{cases}$$

によって計算することができ，$c_{t+1}^\alpha = c_{t+1}^\beta$ のときは計算できない．しかし，U は凹なので，そこから描かれる無差別曲線群は原点に向かって凸の形状になる．よって，c^α–c^β 平面上の無差別曲線は図 4.1 のような形状になる．この図に示されている通り，無差別曲線は 45 度線上で折れ曲がるため，その点での限界代替率（無差別曲線の接線の絶対値）

を一意に定めることは難しい．しかし，限界代替率として選択し得る値の範囲は

$$\mathcal{M}(c_t) = \left\{ \left. \frac{u'(c_{t+1}^\alpha)\lambda_\alpha}{u'(c_{t+1}^\beta)\lambda_\beta} \right| \lambda \in \check{\Lambda}(c_t), \right\}$$

によって限定することができる．このとき，(4.10) 式は

$$(1+i_{t+1})\frac{\hat{\lambda}_\alpha}{\hat{\lambda}_\beta} \in \mathcal{M}(c_t) \tag{4.12}$$

と書き直すことができるが，これは標準的なリスク分担の条件の拡張になっている．

命題 4.3 より，確率評価の曖昧さがないとき次の系が導かれる．

系 4.1 もしも $\Lambda = \{\hat{\lambda}\}$ となるとき，貨幣的均衡 $\{q_t, c_t, k_{t+1}\}_{t=-\infty}^{\infty}$ は

$$\frac{u'(c_{t+1}^\alpha)}{u'(c_{t+1}^\beta)} = 1 + i_{t+1}$$

によって特徴付けられる．ただし，$c_t = (c_{t+1}^\alpha, c_{t+1}^\beta)$ と k_{t+1} は $m_t = M_t$ の下で (4.6)–(4.8) を通じて決定される．

これは前章における貨幣的均衡の特長付けと同じである．この系と命題 4.3 を比較すると，確率評価の曖昧さが存在する下では，貨幣的均衡は「差分方程式」ではなく「差分不等式」によって特徴付けられることが確認できる．

■**貨幣的定常状態の構造**

それでは，貨幣が実際に流通するような経済が存在するかを確認しよう．この経済では，名目利子率（あるいは貨幣成長率）に応じて異なる貨幣的定常状態が発生する可能性がある．この点に注意しながら

貨幣的定常状態の存在を示すために,

$$\iota := \frac{\overline{\lambda}_\alpha}{\hat{\lambda}_\alpha} \frac{\hat{\lambda}_\beta}{\overline{\lambda}_\beta} - 1$$

と定義する. 以下では, 名目利子率 $i = (1+\rho)(1+\mu)-1$ と ι の大小関係によって, 異なる貨幣的定常状態が存在することを示す.

$i > \iota$ の場合

このときは $c_{t+1}^\alpha < c_{t+1}^\beta$ となるような貨幣的定常状態が存在することが確認できる. 実際, そのような貨幣的定常状態が存在するならば, そこでの人口一人あたり実質貨幣残高 q_* は

$$\frac{u'\left(\frac{1}{\lambda_\alpha}\frac{q_*}{1+\mu}\right)\overline{\lambda}_\alpha}{u'\left(\frac{1+\rho}{\lambda_\beta}\left[\omega - \frac{q_*}{1+\mu}\right]\right)\overline{\lambda}_\beta} = (1+\rho)(1+\mu)\frac{\hat{\lambda}_\alpha}{\hat{\lambda}_\beta} = (1+i)\frac{\hat{\lambda}_\alpha}{\hat{\lambda}_\beta}$$

の解として特徴付けることができる. このとき, 前章の貨幣的定常状態の存在証明と同様に考えることで, 上式の解となる q_* の存在と一意性を証明することができる. ここで存在が確認された貨幣的定常状態を以下では

$$(q(i), c(i), k(i))$$

と表すことにする. また q_* から導出される消費計画 $c(i) = (c^\alpha(i), c^\beta(i))$ は

$$\frac{u'\left(c^\alpha(i)\right)\overline{\lambda}_\alpha}{u'\left(c^\beta(i)\right)\overline{\lambda}_\beta} = \frac{1+i}{1+\iota} > 1,$$

すなわち $u'(c^\alpha(i)) > u'(c^\beta(i))$ を満たすので, 最初に述べた通り $c^\alpha(i) < c^\beta(i)$ が成立することになる. 他方, $c_{t+1}^\alpha \geq c_{t+1}^\beta$ となる貨幣的定常状態の非存在は容易に確認される.

$i \leq \iota$ の場合

このときはまず,

$$\underline{i} := \frac{\underline{\lambda}_\alpha}{\hat{\lambda}_\alpha} \frac{\hat{\lambda}_\beta}{\underline{\lambda}_\beta} - 1 \leq i \leq \frac{\overline{\lambda}_\alpha}{\hat{\lambda}_\alpha} \frac{\hat{\lambda}_\beta}{\overline{\lambda}_\beta} - 1 = \iota \tag{4.13}$$

が成立する. ここで $\underline{\lambda}_\alpha \leq \hat{\lambda}_\alpha$ が成立していることから, $\underline{i} \leq 0$ が成立することにも注意されたい. これらの条件の下で我々は, $c_{t+1}^\alpha = c_{t+1}^\beta$ となるような貨幣的定常状態が存在することが確認できる. このことを確認するために,

$$q_f(i) = \frac{(1+i)\hat{\lambda}_\alpha}{(1+\rho)\hat{\lambda}_\alpha + \hat{\lambda}_\beta}\omega,$$

$$c_f^\alpha(i) = c_f^\beta(i) = \frac{1}{\lambda_\alpha}\frac{q_f(i)}{1+\mu} = \frac{1+\rho}{(1+\rho)\hat{\lambda}_\alpha + \hat{\lambda}_\beta}\omega =: \bar{c}_f, \quad \text{and}$$

$$k_f(i) = \omega - \frac{1+\rho}{1+i}q_f(i) = \frac{\hat{\lambda}_\beta}{(1+\rho)\hat{\lambda}_\alpha + \hat{\lambda}_\beta}\omega =: \bar{k}_f$$

と定義しよう. このような定義と (4.13) 式を組み合わせることで

$$\min_{\lambda \in \Lambda}(1+i)\frac{\hat{\lambda}_\alpha}{\lambda_\alpha}\frac{\lambda_\beta}{\hat{\lambda}_\beta} \leq \frac{u'(c^\alpha)}{u'(c^\beta)} \leq \max_{\lambda \in \Lambda}(1+i)\frac{\hat{\lambda}_\alpha}{\lambda_\alpha}\frac{\lambda_\beta}{\hat{\lambda}_\beta}$$

を得るが, これは $q_f(i)$ が貨幣的定常状態における人口一人あたり実質残高であることを意味する. よって, 上記のように定義された $(q_f(i), c_f(i), k_f(i))$ は貨幣的定常状態であることが確認される. さらに, このほかの貨幣的定常状態は存在しないことも容易に確認される.

以上の内容をまとめることで, 次の命題を得る.

命題 4.4 貨幣的定常状態が一意に存在し,

- $i > \iota$ のときは $(q(i), c(i), k(i))$ によって,

- $0 \leq i \leq \iota$ のときは $(q_f(i), c_f(i), k_f(i))$ によって
与えられる.

なお, $(q(i), c(i), k(i))$ の定義の仕方から, $i \downarrow \iota$ のとき

$$(q(i), c(i), k(i)) \to (q_f(\iota), c_f(\iota), k_f(i))$$

が成立する.前章のモデルでは,いかなる名目利子率(あるいは貨幣成長率)の水準であっても,貨幣的定常状態は $(q(i), c(i), k(i))$ しかなかった.一方,本章のように不確実性を考慮する場合, $(q_f(i), c_f(i), k_f(i))$ のように老年期の消費量が状態に依存せず一定になるという**完全保険** (fully-insured) が成立する均衡が存在するような名目利子率の範囲が発生することが確認された.

4.4 名目利子率の最適水準

■名目利子率の最適水準の特徴付け

貨幣成長率と同様に名目利子率の変化は均衡の構成内容に影響を与える.そこで,社会的に望ましい名目利子率 i の水準はいくらか,という問題を見いだすことができる.以下では,そのような社会的に望ましい名目利子率の水準について検討する.現在考えている経済では,第 0 世代を除き,すべての個人が同質であるため,名目利子率が i であるような貨幣的定常状態における厚生は,

$$W(i) := \begin{cases} \min_{\lambda \in \Lambda}[u(c_f^\alpha(i))\lambda_\alpha + u(c_f^\beta(i))\lambda_\beta] =: W_f(i) & \text{if} \quad i \leq \iota, \\ \min_{\lambda \in \Lambda}[u(c^\alpha(i))\lambda_\alpha + u(c^\beta(i))\lambda_\beta] =: W_0(i) & \text{if} \quad i > \iota \end{cases}$$

と表現することができる.まず, W は連続関数であることが容易に確認される.そして, c_f の定義および前章における最適貨幣成長率の議

論を踏まえると，$c_f^\alpha(i) = c_f^\beta(i) = \overline{c}_f$ が成立するので W_f は $u(\overline{c}_f)$ という一定の値をとり，W_0 は $\mu = 0$，すなわち $i = \rho$ において W が最大化されることがわかる．このことを踏まえると $\iota < \rho$ の場合，

$$W'(i) = \begin{cases} W_f'(i) & = \\ & \\ W_0'(i) & \begin{cases} > \\ = \\ < \end{cases} \end{cases} 0 \quad \text{if} \quad i \in \begin{cases} [0, \iota[\\ ]\iota, \rho[\\ \{\rho\} \\ ]\rho, \infty[\end{cases}$$

が成立するため，$i^* = \rho$ が W を最大化する．他方，$\iota \geq \rho$ の場合，

$$W'(i) \begin{cases} W_f'(i) = \\ W_0'(i) < \end{cases} 0 \quad \text{if} \quad i \in \begin{cases} [0, \iota[\\ ]\iota, \infty[\end{cases}$$

が成立するが，これは $[0, \iota]$ に属するどのような i も W を最大化することを意味している．以上をまとめることで，次の命題を得る．

命題 4.5 貨幣的定常状態における厚生を最大にするような名目利子率は，

- $\rho > \iota$ の場合，$i_* = \rho$ であり
- $\rho \leq \iota$ の場合，$[0, \iota]$ に属する任意の利子率がそれに該当する．

この命題は最適な名目利子率の水準が実質利子率 (ρ) の大きさに依存することを述べている．この結果は前章のものとは大きく異なる点があることに注意されたい．前章では名目利子率が実質利子率と等しくなるように誘導されることが必ず求められ，それは近年のゼロ金利政策と相反するものであった．他方，上記の命題では，$\iota \geq \rho$ の場合には名目利子率をゼロに誘導する金融政策も社会的に望ましいものであることを示しており，このような点は，理論と現実の乖離を部分的に解

消するものであると考えられる．なお，

$$\iota := \frac{\overline{\lambda}_\alpha}{\hat{\lambda}_\alpha} \frac{\hat{\lambda}_\beta}{\overline{\lambda}_\beta} - 1$$

と定義されていたことより，

$$\iota \begin{Bmatrix} > \\ = \\ < \end{Bmatrix} \rho \Leftrightarrow \overline{\lambda}_\alpha \begin{Bmatrix} > \\ = \\ < \end{Bmatrix} \frac{(1+\rho)\hat{\lambda}_\alpha}{(1+\rho)\hat{\lambda}_\alpha + \hat{\lambda}_\beta} < 1$$

を得る．このことから，$\iota \geq \rho$ は $\overline{\lambda}_\alpha$ が十分に大きな値をとる，つまり各人がタイプ α になり，流動性イベントに直面しやすいと信じているときに成立することがわかる．[13] 逆に，$\iota < \rho$ は，各人が流動性イベントに直面しにくいと信じているときに成立し，そのような（ある意味で平常な）場面ではフリードマン・ルールの非最適性が示されることになる．

4.5 数値例

最後に簡単な数値例を提示して本章を締め括ることにする．数値例を提示するため，ここでは効用関数 u を

$$u(c) = \begin{cases} \dfrac{c^{1-\theta}}{1-\theta} & \text{if} \quad \theta \neq 1, \\ \ln c & \text{if} \quad \theta = 1 \end{cases}$$

---

[13] もしも $\underline{\lambda}_\alpha$ が増加することはなく，$\overline{\lambda}_\alpha$ が増加するならば，それは確率評価の集合 Λ が拡大することを意味することになる．これは，Girardate and Marinacci [23] が定義するところの「曖昧さの増大」(increasing in ambiguity) として解釈することができる．

と特定化することにする．ここで $\theta \geq 0$ は**相対的危険回避度**を示すパラメータである．

効用関数をこのように特定化するとき，$i \leq \iota$ のときの貨幣的定常状態である $(q_f(i), c_f(i), k_f(i))$ は 4.4 節と同様に

$$q_f(i) = \frac{(1+i)\hat{\lambda}_\alpha}{(1+\rho)\hat{\lambda}_\alpha + \hat{\lambda}_\beta}\omega,$$

$$c_f^\alpha(i) = c_f^\beta(i) = \frac{1+\rho}{(1+\rho)\hat{\lambda}_\alpha + \hat{\lambda}_\beta}\omega, \quad \text{and}$$

$$k_f(i) = \omega - \frac{1+\rho}{1+i}q_f(i) = \frac{\hat{\lambda}_\beta}{(1+\rho)\hat{\lambda}_\alpha + \hat{\lambda}_\beta}\omega$$

によって与えられる．他方，$i > \iota$ のときの貨幣的定常状態である $(q(i), c(i), k(i))$ は，特に $q(i)$ が

$$u'\left(\frac{1}{\hat{\lambda}_\alpha}\frac{1+\rho}{1+i}q(i)\right) = (1+i)\frac{\hat{\lambda}_\alpha}{\overline{\lambda}_\alpha}\frac{\overline{\lambda}_\beta}{\hat{\lambda}_\beta}u'\left(\frac{1+\rho}{\hat{\lambda}_\beta}\left[\omega - \frac{1+\rho}{1+i}q(i)\right]\right)$$

の解として求めることができる．この式は，本節での特定化の下では，

$$\left(\frac{1}{\hat{\lambda}_\alpha}\frac{1+\rho}{1+i}q(i)\right)^{-\theta} = (1+i)\frac{\hat{\lambda}_\alpha}{\overline{\lambda}_\alpha}\frac{\overline{\lambda}_\beta}{\hat{\lambda}_\beta}\left(\frac{1+\rho}{\hat{\lambda}_\beta}\left[\omega - \frac{1+\rho}{1+i}q(i)\right]\right)^{-\theta}$$

と書き直すことができる．これを $q(i)$ について解くことで，

$$q(i) = \frac{(1+i)A(i)}{\hat{\lambda}_\beta + (1+\rho)A(i)\hat{\lambda}_\alpha}\omega$$

を得る．ただし，

$$A(i) = \left[(1+i)\frac{\hat{\lambda}_\alpha}{\overline{\lambda}_\alpha}\frac{\overline{\lambda}_\beta}{\hat{\lambda}_\beta}\right]^{-\frac{1}{\theta}}$$

である.このとき $(q(i), c(i), k(i))$ は

$$c^\alpha(i) = \frac{1}{\hat{\lambda}_\alpha} \frac{1+\rho}{1+i} q(i),$$

$$c^\beta(i) = \frac{1+\rho}{\hat{\lambda}_\beta} \left[\omega - \frac{1+\rho}{1+i} q(i) \right],$$

$$k(i) = \omega - \frac{1+\rho}{1+i} q(i)$$

と求めることができる.

これらの貨幣的定常状態を用いると,そこでの社会的厚生は $\theta \neq 1$ のとき

$$W(i) = \begin{cases} \dfrac{1}{1-\theta} \left(\dfrac{1+\rho}{(1+\rho)\hat{\lambda}_\alpha + \hat{\lambda}_\beta} \omega \right)^{1-\theta} & \text{if} \quad i \in [0, \iota], \\ \dfrac{1}{1-\theta} \left[\left(\dfrac{1}{\hat{\lambda}_\alpha} \dfrac{1+\rho}{1+i} q(i) \right)^{1-\theta} \bar{\lambda}_\alpha \right. \\ \left. + \left(\dfrac{1+\rho}{\hat{\lambda}_\beta} \left[\omega - \dfrac{1+\rho}{1+i} q(i) \right] \right)^{1-\theta} \bar{\lambda}_\beta \right] & \text{if} \quad i \in [\iota, \infty[\end{cases}$$

と,それ以外のときは

$$W(i) = \begin{cases} \ln \left(\dfrac{1+\rho}{(1+\rho)\hat{\lambda}_\alpha + \hat{\lambda}_\beta} \omega \right) & \text{if} \quad i \in [0, \iota], \\ \left[\bar{\lambda}_\alpha \ln \left(\dfrac{1}{\hat{\lambda}_\alpha} \dfrac{1+\rho}{1+i} q(i) \right) \right. \\ \left. + \bar{\lambda}_\beta \ln \left(\dfrac{1+\rho}{\hat{\lambda}_\beta} \left[\omega - \dfrac{1+\rho}{1+i} q(i) \right] \right) \right] & \text{if} \quad i \in [\iota, \infty[\end{cases}$$

と計算できる.図4.2は,このような W を $u(c) = \ln c$, $\omega = 1$, $\rho = 0.8$, および $\hat{\lambda}_\alpha = \hat{\lambda}_\beta = 0.5$ という特定化の下で描いたものである.特に図4.2.aは $\bar{\lambda}_\alpha = 0.6$ の場合であり, $\iota = 0.5$ が成立するので社会的厚生を最大にする名目利子率は $\rho = 0.8$ となっている.他方,図4.2.bは $\bar{\lambda}_\alpha = 0.7$ の場合を扱っており, $\iota = 4/3 \approx 1.3$ が成立するので社会的厚生を最大

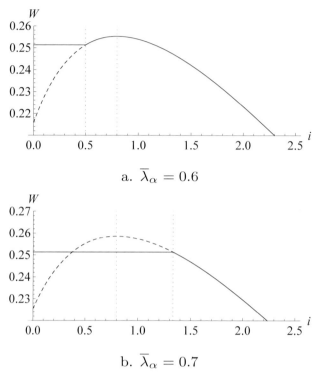

図 4.2　名目利子率と均衡における厚生の関係

にする名目利子率の範囲は $[0, 4/3]$ である．このように，$\bar{\lambda}_\alpha$ の大きさにより，最適な金融政策の構造は異なりうるのである．

第5章 おわりに

　1999年，無担保コールレート（オーバーナイト物）をゼロに誘導することを目標とするゼロ金利政策が導入された．2013年に誘導目標は解除されたが，現在に至るまで日本は極端な低金利の状態に陥っている．このようなゼロ金利政策は，経済理論的には名目利子率をゼロに誘導することを主張するフリードマン・ルールとの共通点を見いだせるものである．このフリードマン・ルールを巡っては，理論ではその社会的な望ましさを支持するものの，現実には採用されていないと考えられることから，現実を説明する方向で理論的な研究が進められてきた．しかし，ゼロ金利政策の導入はむしろ現実が理論に歩み寄るかのような錯覚を感じるものであり，既存研究では必ずしも説明しきれるものではなかった．そこで本書では，何らかの基準によってフリードマン・ルールが最適にも非最適にもなり得るような経済環境を提示することを目的とした．

　この目的を達成するために本書では，流動性不足による金融システムの不安定性と不確実性の存在に注目した．翻ってみると，1999年のゼロ金利政策導入時はその前年までの不良債権問題に端を発する金融システム不安に直面しており，また2008年のゼロ金利政策再開時も直前のリーマン・ショックによる世界的恐慌の顕在化により金融システムの不安定化が問題視された．このような金融システムの不安定性は主に流動性不足によって引き起こされるものと考えられるが，そのような流動性不足に直面する可能性を単一の確率測度で評価することは非常に困難であると考えられる．そこで本書では，将来の不確実性を単

一の確率測度では表現できないという「Knight流の不確実性」の概念を導入し，その意味での不確実性の大小によってフリードマン・ルールが最適にも非最適にもなり得るような経済環境の作成が可能かどうかを検討した．

本書第2章と第3章は，そのような検討のための準備に充てられた．第2章では，後の章で用いる「重複世代モデル」の基礎的な枠組みを提示し，その基本的な性質やそこでの最適な金融政策は貨幣成長率をゼロとする（マネーストックを一定に保つ）ことであることを確認した．続く第3章では，既存研究に従いフリードマン・ルールが非最適となるような経済環境を概観した．そこでは，流動性不足による金融システムの不安定性が発生する可能性が導入されていたが，このときも最適な金融政策は貨幣成長率をゼロとするものであり，フリードマン・ルールは棄却され名目利子率は正の水準に誘導されることを確認した．この結果は，既存の実証結果と整合的であるものの，ゼロ金利政策とはむしろ矛盾する結果と考えられる．

そこで第4章では，第3章のモデルに「Knight流の不確実性」の意思決定モデルの一つであるマクシミン期待効用を導入し，最適金融政策の特徴づけを行った．その結果，最適金融政策の構造は実質利子率の水準に依存することが示された．具体的には，フリードマン・ルールは実質利子率がある閾値を上回る場合は非最適となるが，そうではない場合は最適になることを確認した．更にこの閾値は，人々が信じる流動性イベントに直面する確率の最大値が大きくなるほど増加することが確認された．厳密性や正確性を多少犠牲にすると，これらの結果は

- 不確実性が低く流動性イベントに十分に直面しにくいと人々が信じることができる（ある意味で平常な）場面では，フリードマン・ルールを放棄（して正のインフレ目標を採用）することを正当化

第5章 おわりに

できるが,

- 不確実性が増大し流動性イベントに十分に直面しやすいと人々が信じているような場面では，フリードマン・ルールを採用することも正当化できる

とまとめることができる．これにより，不確実性の大小を基準として，フリードマン・ルールあるいはゼロ金利政策の導入を判断できる数理的経済モデルをひとまず構築できたと考えられる．

最後に，本研究に残る課題を挙げておく．これまで明示しなかったが，第4章のモデルでは二つの重要な単純化が行なわれていた．一つは，各個人は二期間生存するにもかかわらず，その効用は老年期の消費からのみ得るとしていたことである．もしも生存する二期間のいずれにおいても消費を行うように変更する場合，各個人の意思決定において流動性ショックに対するリスク分担問題に加えて，異時点間の消費平準化問題を考慮する必要がある．そのような場合，Ohtaki and Ozaki [41] のように曖昧さを回避するために異時点間の消費平準化を犠牲にし，均衡の不決定性が発生する可能性がある．[14] そのような不決定性が発生してしまうと，政策当局はどの均衡をターゲットとして金融政策を計画すべきか，という新たな問題が生じることになる．いま一つの単純化は，異時点間の生産技術を貯蔵技術に限定していることである．この結果として実質利子率は貯蔵技術の収益率に固定されるが，実際の経済では実質利子率は変動していると考えられる．より実践的な金融政策を検討するためには，より一般的な生産技術を導入する必要があると考えられる．

---

[14] 実際, Ohtaki [39] では，若年期も消費するような場合に均衡の不決定性が発生し得ることを確認している．

参考文献

[1] Alon, S. and D. Schmeidler (2014) "Purely subjective maxine expected utility," *Journal of Economic Theory* **152**, 382–412.

[2] Allais, M. (1947) *Economie et Interét*. Imprimérie Nationale: Paris.

[3] Anscombe, F.J. and R.J. Aumann (1963) "A definition of subjective probability," *Annals of Mathematical Statistics* **34**, 199–205.

[4] Aruoba, S.B. and R. Wright (2003) "Search, money and capital: A neoclassical dichotomy," *Journal of Money, Credit & Banking* **35**, 1085–1105.

[5] Balasko, Y. and K. Shell (1980) "The overlapping generations model. I. The case of pure exchange without money," *Journal of Economic Theory* **23**, 281–306.

[6] Balasko, Y. and K. Shell (1981) "The overlapping generations model. II. The case of pure exchange with money," *Journal of Economic Theory* **24**, 112–142.

[7] Bhattacharya, J., J. Haslag, and A. Martin (2009) "Optimal monetary policy and economic growth," *European Economic Review* **53**, 210–221.

[8] Casadesus-Masanell, R., P. Klibanoff, and E. Ozdenoren (2000) "Maxmin expected utility over Savage acts with a set of priors," *Journal of Economic Theory* **92**, 35–65.

[9] Cass, D., M. Okuno, and I. Zilcha (1979) "The role of money in supporting the Pareto optimality of competitive equilibrium in consumption-loan type models," *Journal of Economic Theory* **20**, 41–80.

[10] Champ, B., B.D. Smith, and S.D. Williamson (1996) "Currency elasticity and banking panics: Theory and evidence," *Canadian*

Journal of Economics **29**, 828–864.

[11] Chari, V.V., L.J. Christiano and P.J. Keheo (1996) "Optimality of the friedman rule in economies with distorting taxes," *Journal of Monetary Economics* **37**, 203–224.

[12] Chateauneuf, A., R.-A. Dana, and J.-M. Tallon (2000) "Risk sharing rules and equilibria with non-additive expected utilities," *Journal of Mathematical Economics* **61**, 953–957.

[13] Dana, R.-A. (2004) "Ambiguity, uncertainty aversion and equilibrium welfare," *Economic Theory* **23**, 569–587.

[14] Diamond, D. and P. Dybvig (1983) "Bank runs, deposit insurance and liquidity," *Journal of Political Economy* **91**, 401–419.

[15] Dow, J. and S.R.C. Werlang (1992) "Uncertainty aversion, risk aversion, and the optimal choice of portfolio," *Econometrica* **60**, 197–204.

[16] Ellsberg, D. (1961): "Risk, ambiguity, and the Savage axioms," *Quarterly Journal of Economics* **75**, 643–669.

[17] Epstein, L.G. and M. Schneider (2010): "Ambiguity and Asset Markets," *Annual Review of Financial Economics* **2**, 315–346.

[18] Epstein, L.G. and T. Wang (1994) "Intertemporal asset pricing under Knightian uncertainty," *Econometrica* **62**, 283–322.

[19] Epstein, L.G. and T. Wang (1995) "Uncertainty, risk-nuetral measures and security price booms and crashes," *Journal of Economic Theory* **67**, 40–82.

[20] Etner, J., M. Jeleva, and J.-M. Tallon (2012): "Decision theory under ambiguity," *Journal of Economic Surveys* **26**, 234–270.

[21] Friedman, M. (1969) "The optimum quantity of money," in *Optimum Quantity of Money and Other Essays*, Chicago, Aldine.

[22] Fukuda, S.-i. (2008) "Knightian uncertainty and poverty trap in a model of economic growth," *Review of Economic Dynamics* **11**, 652–663.

[23] Ghirardato, P. and M. Marinacci (2002): "Ambiguity made precise,"

Journal of Economic Theory **102**, 251–289.

[24] Gilboa, I. and M. Marinacci (2013): "Ambiguity and the Bayesian Paradigm," in: D. Acemoglu, M. Arellano, and E. Dekel ed. *Advances in Economics and Econometrics* Tenth World Congress vol.1, Cambridge University, Cambridge, 179–242.

[25] Gilboa, I. and D. Schmeidler (1989) "Maxmin expected utility with a non-unique prior," *Journal of Mathematical Economics* **18**, 141–153.

[26] Guidolin, M. and F. Rinaldi (2013): "Ambiguity in asset pricing and portfolio choice: A review of the literature," *Theory and Decision* **74**, 183–217.

[27] Haslag, J.H. and A. Martin (2007) "Optimality of the Friedman rule in an overlapping generations model with spatial separation," *Journal of Money, Credit & Banking* **39**, 1741–1758.

[28] Keynes, J.M. (1921) *Treatise on Probability*, Macmillan, London.

[29] Kimbrough, K.P. (1986) "The optimum quantity of money rule in the theory of public finance," *Journal of Monetary Economics* **18**, 277–284.

[30] Knight, F. (1921) *Risk, Uncertainty and Profit*, Houghton Mifflin, Boston.

[31] Kobayashi, K. (2003) "Deflation Caused by Bank Insolvency," *RIETI Discussion Paper* 03-E-022.

[32] Lagos, R. and R. Wright (2005) "A unified framework for monetary theory and policy analysis," *Journal of Political Economy* **113**, 463–484.

[33] Lucas, R.E. and N. Stokey (1983) "Optimal fiscal and monetary policy in an economy without capital," *Journal of Monetary Economics* **12**, 55–93.

[34] Mandler, M. (2013) "Endogenous indeterminacy and volatility of asset prices under ambiguity," *Theoretical Economics* **8**, 729–750.

[35] Matsuoka, Tarishi (2011) "Monetary policy and banking structure,"

Journal of Money, Credit & Banking **43**, 1109–1129.

[36] McCallum, B.T. (1987) "The optimal inflation rate in an overlapping generations economy with land," in: W.A. Barnett and Singleton K.J. (ed.) *New Approaches to Monetary Economics*, Cambridge University Press, Cambridge.

[37] Ohtaki, E. (2014) "Asymmetric liquidity shocks and optimal monetary policy," *Economics Bulletin* **34**, 1068–1080.

[38] Ohtaki, E. (2016) "Optimality of the Friedman rule under ambiguity," *TCER Working Paper Series* **No. E-103**. (Available at SSRN: http://ssrn.com/abstract=237785)

[39] Ohtaki, E. (2016) "The conduct of monetary policy under ambiguity," Kanagawa University, mimeography.

[40] Ohtaki, E. and H. Ozaki (2014) "Optimality in a stochastic OLG model with ambiguity," *TCER Working Paper Series* **E-69**. (Available at SSRN: http://ssrn.com/abstract=237785)

[41] Ohtaki, E. and H. Ozaki (2015) "Monetary equilibria and Knightian uncertainty," *Economic Theory* **59**, 435–459.

[42] Paal, B. and B.D. Smith (2013) "The sub-optimality of the Friedman rule and the optimum quantity of money," *Annals of Economics and Finance* **14-2**, 893–930.

[43] Samuelson, P.A. (1958) "An exact consumption-loan model of interest with or without the social contrivance of money," *Journal of Political Economy* **66**, 467–482.

[44] Savage, L.J. (1954) *The Foundation of Statistics*, John Wiley, New York. (2nd ed., 1972, Dover, New York)

[45] Schmeidler, D. (1982) "Subjective probability without additivity (Temporary Title)," Working Paper, The Foerder Institute for Economic Research, Tel Aviv University.

[46] Schmeidler, D. (1989) "Subjective probability and expected utility without additivity," *Econometrica* **57**, 571–587.

[47] Schreft, S. and B.D. Smith (2002) "The conduct of monetary policy

with a sharing stock of government debt," *Journal of Money, Credit & Banking* **34**, 848–882.

[48] Smith, B.D. (1991) "Interest on reserves and sunspot equilibria: Friedman's proposal reconsidered," *Review of Economic Studies* **58**, 93–105.

[49] Smith, B.D. (2002) "Monetary policy, banking crises, and the Friedman rule," *American Economic Review papers and proceedings* **92**, 128–134.

[50] Wallace, N. (1980) "The overlapping generations model of fiat money," in: J.H. Kareken and N. Wallace (ed.) *Models of Monetary Economies*, Federal Reserve Bank of Minneapolis.

[51] Walsh, C.E. (2003) "Accountability, transparency, and inflation targeting," *Journal of Money, Credit & Banking* **35**, 829–849.

[52] Williamson, S. and R. Wright (2010) "New monetarist economics: Models," in: B.M. Friedman and M. Woodford (ed.) *Handbook of Monetary Economics* vol. 3, Elsevier, North-Holland.

[53] Woodford, M. (1990) "The optimum quantity of money," in: Friedman, B.M. and F.H. Hahn (ed.) *The Handbook of Monetary Economics* vol. 2, Elsevier, North-Holland.

著者紹介

大滝英生

- 2006年　慶應義塾大学経済学部卒業
- 2008年　慶應義塾大学大学院経済学研究科修士課程修了
- 2011年　慶應義塾大学大学院経済学研究科後期博士課程
単位取得退学
- 2013年　博士（経済学）の学位を取得（慶應義塾大学）
慶應義塾大学経済学部助教（有期），神奈川大学
経済学部助教を経て，
- 現在　　神奈川大学経済学部准教授
元・三菱経済研究所研究員

不確実性下における金融政策の分析

2016年7月15日印刷
2016年7月20日発行

定価　本体1,300円＋税

著　者	大　滝　英　生
発行所	公益財団法人　三菱経済研究所 東京都文京区湯島 4-10-14 〒113-0034 電話 (03)5802-8670
印刷所	株式会社　国　際　文　献　社 東京都新宿区高田馬場 3-8-8 〒169-0075 電話 (03)3362-9741〜4

ISBN 978-4-943852-58-2